Das Buch

Alkoholiker, Pädophiler und Borderliner – drei von vielen „Diagnosen", die ich im Laufe meines Lebens „verliehen" bekam. Wie ich trotzdem zu mir und zum inneren Frieden fand, davon erzählt dieses Buch. Ich stehe heute zu meiner Vergangenheit und habe mich aber dazu entschieden, mehr auf die Gegenwart und nach vorn zu sehen. Wenn nur eine dieser Geschichten einem *einzigen* Menschen Mut macht, *seinen* Weg weiterzugehen, so ist der Zweck dieser Texte erreicht.

Der Autor:

- geboren 1959 in der DDR
- Ausbildung zum Facharbeiter Elektronik
- 1978-1981 Armeezeit
- 1985 Alkoholentwöhnungskur
- Ausbildung zum Pflegehelfer
- 1989 Heirat
- Verlust Arbeitsstelle und Wohnung
- Umsiedlung nach Niedersachsen
- 1991/92 Geburt Tochter und Sohn
- 1998 Umschulung zum Tischler
- Arbeit im Orgelbau
- 2001 Arbeitslosigkeit
- 2011 Scheidung
- 2015 Beginn Buchprojekt

Franz Wuth

───────────────

Tagebuch eines Suchenden

Wie ich als
    Alkoholiker,
    Pädophiler,
    Borderliner
        leben lern(t)e

BOOKS on DEMAND

Autor: mrmonster@online.de

Bibliografische Information der Deutschen Nationalbibliohek:

Die Deutsche Nationalbibliothek verzeichnet diese Publikation

in der Deutschen Nationalbibliografie; detaillierte bibliografische

Daten sind im Internet über http://dnb.dnb.de abrufbar.

© 2017

Herstellung und Verlag: BoD – Books on Demand, Norderstedt.

ISBN: 9783743102125

Inhalt

0 Inhalt - 5 -

1.0 Einleitung
1.1 Vorwort - 9 -
1.2 Identität - Der Verlorene - 14 -
1.3 Gesa 1 „ Nebel " - 19 -

2.0 Erwin, der Suchende
2.1 Spiegelsplitter - 20 -
2.2 Gesa 2 „ Kaleidoskop " - 26 -
2.3 Wellen am Mittelmeer - 27 -
2.4 Der Feind in ihm - 31 -

3.0 Der kleine blonde Kerl
3.1 Herkunft - 35 -
3.2 Gesa 3 - 41 -
3.3 Schulgeschichte - 42 -
3.4 Welt Brandenburg - 48 -
3.5 Gesa 4 - 54 -
3.6 Orchesterwelt - 55 -
3.7 Ausreißer - 60 -
3.8 Gesa 5 - 66 -
3.9 Klassentreffen - 67 -

4.0 Alwin, der Alkoholiker
4.1 Trocken - 73 -
4.2 Gesa 6 „ Freund " - 79 -
4.3 Scham - 80 -
4.4 Gesa 7 „ Kampf " - 86 -
4.5 Wahrheit - 87 -
4.6 12 Schritte - 92 -
4.7 Gesa 8 „ Entscheidung " - 98 -
4.8 Ländertreffen - 99 -

5.0 Pedro, der Pädophile
5.1 Mensch   - 101 -
5.2 Gesa 9   - 110 -
5.3 Der sichere Ort   - 111 -
5.4 Kindergeburtstag   - 116 -
5.5 Gesa 10 „ Kind in mir "   - 121 -
5.6 Kiel   - 122 -
5.7 Kastration   - 128 -
5.8 Gabe   - 131 -
5.9 Gesa 11   - 134 -

6.0 Boldwin, der Borderliner
6.1 Weitergehen   - 135 -
6.2 Glück   - 138 -
6.3 Behinderte   - 142 -
6.4 Juist   - 145 -
6.5 Gesa 12   - 151 -
6.6 Abstürze   - 152 -
6.7 Gesa 13   - 155 -
6.8 Psychiatrie   - 156 -
6.9 Visite   - 160 -

7.0 Gottfried, der Glaubende
7.1 Anfang   - 167 -
7.2 Neuanfang   - 174 -
7.3 Gesa 14   - 177 -
7.4 Vertrauen   - 178 -
7.5 Gevatter Tod   - 183 -
7.6 Ablehnung   - 189 -
7.7 Gesa 15   - 195 -
7.8 Träume   - 196 -
7.9 Genesung   - 203 -

8.0 Briefe
8.1 an Mutter   - 209 -
8.2 an Vater   - 217 -
8.3 Gesa 16   - 226 -
8.4 an meinen Bruder   - 227 -
8.5 an meine Kinder   - 229 -
8.6 an meine Enkel   - 232 -
8.6 an die Ex   - 234 -
8.7 Gesa 17   - 239 -
8.9 an mich selbst   - 240 -

9.0 Wolkengeschichten
9.1 Karnewaldsländ - kleine Zwerge   - 244 -
9.2 Karnewaldsländ - große Zwerge   - 250 -
9.3 Timeländ   - 254 -
9.4 Glaubensländ   - 259 -
9.5 Haustierländ   - 263 -
9.6 Gesa 18   - 268 -

10.0 Fazit
10.1 und noch ein Traum   - 269 -
10.2 Identität - Einheit   - 273 -
10.3 Gesa 19   - 276 -
10.4 Schlusswort   - 277 -
10.5 Danke   - 281 -

Vorwort

Warum gibt es diese Geschichten?

- Weil meiner Meinung und meines Wissens nach nur wenige deutschsprachige Texte von Betroffenen zum Thema „Leben als Pädophiler" existieren.
- Im Laufe der jahrzehntelangen Suche nach einer Möglichkeit, mit mir selbst irgendwie friedvoll zu leben (nach nicht mehr zu zählenden Therapeuten, vielen Therapien und Psychiatrie-Aufenthalten), habe ich die Erfahrung machen können, dass es mir in Ermangelung an geeigneten Gesprächspartnern hilft, die geführten inneren Dialoge zu Papier zu bringen. Auf diese Weise gelingt es mir besser, meine oft chaotischen Gedankengänge etwas zu sortieren.
- Ein für mich ganz wichtiger Aspekt ist es, durch das Teilen der Texte mit anderen Menschen, die fast unendliche Einsamkeit, die wahrscheinlich jeder Pädophile so gut kennt und durchleben muss, wenigstens teilweise zu durchbrechen.
- Jede Zeit braucht ihre „Hexen" und „Juden". Mein Gefühl dabei ist es, dass diese Rolle heute uns Pädophilen zugeteilt wird. Durch meinen inzwischen verhältnismäßig offenen Umgang mit anderen Menschen, auch was dieses Thema betrifft, lässt es sich kaum vermeiden, dass ich immer wieder auf massive Vorurteile, Unwissen oder einfach Dummheit treffe. Die Folgen waren und sind erfah-

rungsgemäß oft Diskriminierung, Angriffe und Ausgrenzung. Bei nicht allen von diesen Erlebnissen gelingt es mir, sie auf der unpersönlichen Schiene zu verarbeiten. So sehe ich auch für mich eine gewisse „missionarische" Aufgabe darin, dem entgegenzuwirken. Auch wir Pädophilen gehören zu den *Menschen*, selbst die, die zum Täter wurden.
- Ich für mich habe Sex zwischen Kindern und Erwachsenen schon immer als besonders zerstörerisch eingestuft und mein mir Möglichstes getan, dass es von meiner Seite aus dazu nicht kommt. Bei in Deutschland geschätzten 200.000 bis 300.000 von Pädophilie betroffenen Männern (und auch einigen Frauen) ist es eigentlich ein absolutes Unding, dass es nur ein Minimum an Hilfsmöglichkeiten für die davon Betroffenen gibt, wie zum Beispiel das Projekt „Kein Täter werden". Ich selbst habe dort erst nach jahrzehntelanger vergeblicher Suche endlich professionelle Hilfe erhalten können. Dieses Projekt und die von mir gefundenen anderweitigen Hilfsmöglichkeiten werden, zumindest von meiner Krankenkasse in keiner Weise unterstützt, eher wird nach meinem Gefühl versucht, sie zu sabotieren, aus welchen Gründen auch immer. Die Kosten für das Projekt „Kein Täter werden" in Kiel trägt das Bundesland, um die nicht unerheblichen Bahnkosten für die etwa 400 Kilometer entfernten monatlichen Besuche dort musste ich mich allerdings auch als Hartz IV Empfänger selbst kümmern. Ein Diakonieverein erstattete sie

mir glücklicherweise, sonst wären diese Besuche für mich gar nicht erst möglich gewesen. In Anbetracht dessen, welch ein heuchlerisches Medienspektakel jedes mal veranstaltet wird, wenn wieder einmal ein „Monster zugeschlagen" hat, etwas „schief gelaufen" ist und „Opfer zu beklagen" sind, will ich auch auf den Notstand aufmerksam machen, der in Deutschlands so hoch gelobter medizinischer Versorgung den Opfern und genauso den behandlungswilligen Pädophilen gegenüber herrscht. *Ich* werde daran nichts ändern, manchmal kann schreien aber helfen.

Was ist sonst noch zu sagen?

Dieses Büchlein wird polarisieren, das ist auch beabsichtigt. Es soll dazu anregen, sich nicht nur oberflächlich mit etwas „Andersartigem" zu beschäftigen und vielleicht dabei zu entdecken, dass es so andersartig gar nicht ist.
 Ich habe in keiner Weise das Recht, irgend jemand oder irgendetwas zu verurteilen. Mir ist sehr bewusst, welches Leid Pädophilie und anders gearteter Missbrauch Kindern bringen kann und täglich bringt. Ich sehe es als eine große Gnade, Bewahrung und ein Geschenk für mich an, nicht selbst zum sexuellen Täter an Kindern geworden zu sein. Wie viel mich das gekostet hat und auch noch kostet, kann ein Außenstehender nur sehr begrenzt beurteilen. Wenn wieder einmal Straftaten offenbar werden, so haben dort immer eine Vielzahl von

Dramen bereits vorher stattgefunden und es werden auch noch weitere Dramen dort stattfinden und zwar für alle Beteiligten. Mein Herz schlägt in erster Linie für die Not und das Leid der geschädigten, zerstörten oder getöteten Kinder und deren Familien. Aber ich bin selbst auch zumindest potentieller Täter und kenne einige der anderen Seiten. Jeder Täter war auch einmal selbst Opfer, egal in welcher Hinsicht. *Jeder* Mensch ist *erst Opfer* und wird *danach* zum *Täter*, egal in welcher Form sich das dann auch zeigt, sonst wäre er kein *Mensch*.

Die Gedanken, die ich hier äußere, sind ausschließlich aus *meinen* Erfahrungen und *meinen* Wahrnehmungen heraus entstanden. Sie erheben keinerlei Anspruch auf Allgemeingültigkeit oder Richtigkeit. Jeder Mensch nimmt und sieht Dinge anders, auch *mir* sei dies gestattet.

Ich habe die Mitte 50 bereits überschritten. Ich war über 20 Jahre verheiratet, habe zwei erwachsene Kinder und auch zwei Enkelkinder, auf die ich ganz stolz sein kann und bin. Ich befinde mich auf einem Weg, *meinem* Weg und ich werde ihn noch weitergehen, solange mir Gott die Zeit dazu schenkt. Wenn nur *eine* dieser Geschichten *einem* Menschen auf *seinem Genesungs*weg helfen kann und ihm Mut macht, ihn weiter zu gehen, macht mich das ein wenig glücklicher und das Ziel und der Zweck dieses Büchleins ist vollkommen erreicht.

Ich bin kein Schriftsteller, dies ist mein erstes Projekt in dieser Richtung. Deshalb bitte ich die Leser um Nachsicht, was die Grammatik, Orthographie und Ausdrucksweise dieses Buches angeht. Es sind auch einige Wiederholungen enthalten, da die Texte ja ursprünglich als Einzeltexte entstanden sind.

Ich hatte Gesa, eine der Korrekturleserinnen gebeten, mir eventuell Gedichte zu einigen Geschichten zu schreiben, diese Bitte ist glücklicherweise von ihr erhört worden und sie wurden so zu einer Bereicherung des Buches. Wenn jemand Interesse an weiteren Gedichten und Texten von ihr hat, so bitte ich über die unten genannte E-mail-Adresse Kontakt zu mir aufzunehmen, ich werde es an sie weiterreichen.

Dankbar wäre ich auch über Rückmeldungen zu diesem Buch, ebenfalls über diese Adresse.

Ansonsten hoffe ich, dass ich den Lesern genug Anstoß für viele eigene Gedanken biete.

Die Anonymität soll meine Familie und mich vor verbalen oder anders gearteten Angriffen schützen. Alle Namen wurden geändert. Ich bitte um Verständnis dafür,

der Autor !

mrmonster@online.de

Identität - Der Verlorene

Wer oder was ist er wirklich? Es ist eine Frage, die ihn schon immer umtreibt, die ihn früh oft nach dem Weckerklingeln überfällt und ihn manchmal über Stunden im Bett festhält. Warum und wozu lebt er eigentlich (noch)? Wer ist oder sind diese Personen, die da in seinem Körper stecken? Auf wen oder was kann er sich wirklich verlassen? Sein Selbstbild ist sehr subjektiv und kann sich ganz urplötzlich ändern. Es verleiht ihm keinerlei Stabilität. Was oder wem soll und kann er noch vertrauen, wenn er das sich selbst gegenüber nicht kann?

Wenn er morgens in den Spiegel schaut, meint er selten, sich selbst zu sehen. Meist findet er dort eine Person, die nicht zu ihm gehört, die ihm als völlig fremd erscheint, deren Aussehen sich von mal zu mal ändern kann, je nachdem, in welchem inneren Zustand er sich gerade befindet. Wenn er diese äußere Hülle aber nicht ist, wer oder was ist er dann, was macht ihn als Mensch eigentlich aus?

Ist er *Erwin, der Suchende* ? Ist er das, was seine Gefühlswelt aus ihm macht? Man sagt ihm oft und er muss es auch sich selbst immer wieder sagen: Die Gefühle in ihm sind echt und haben alle ihre Berechtigung. Aber auf sie verlassen kann er sich genauso wenig, wie auf sein Spiegelbild. Er ist aus eigenem Erleben eben ein Borderliner. Manchmal macht ihm die Schnelligkeit, mit der seine Gefühle das Vorzeichen wechseln, große Angst. Sie lassen ihn, oft aus nicht erkennbaren Gründen, innerlich geradezu kippen und können ihn plötzlich von einem Augenblick zum nächsten unvorhersehbar zu einer scheinbar anderen Person machen. Diese latente Angst vor einer Art Kontrollverlust begleitet ihn schon sein ganzes Leben. Sie zwingt ihn gewissermaßen zu seiner sehr zurückhaltenden Lebensweise, da diese Unsicherheit und Unzuverlässigkeit aus ihm selbst heraus, ihm nur in einer für ihn sehr stabilen Umgebung erlaubt, sich anderen Menschen gegenüber zu öffnen. Dazu kommt die ihm eigene „Ganz-oder-Gar-nicht-Mentalität", die ihn noch zusätzlich verletzbar macht. Wenn schon offen, dann mit „offener Bauchdecke", selbstverletzend, wie der Borderliner, der sich immer wieder ritzt. Das hat er selbst zwar fast nie in dieser für alle sichtbaren Art und Weise getan. Doch die Entspannung durch fließendes Blut und körperlichen Schmerz kennt auch er, sie vertreibt wenigstens teilweise die innere Leere, sie gibt ihm das Gefühl zurück, dass er immer noch lebt. Also muss er sich dadurch definieren, dass er **Boldwin, der Borderliner** ist?

Genauso wie damals, als er aufgehört hat zu trinken? Damals in der ersten Phase seiner neu gewonnenen Trockenheit, als er sich und auch anderen gegenüber das erste Mal in seinem Leben aus seinem inneren Gefühl heraus sagen konnte, auch er ist ein Mensch, zwar nur ein Alkoholiker, aber er existiert wenigstens als Mensch.

Er hat sich lange Zeit über diese „Krankheiten" definiert. Wahrscheinlich kommt das daher, dass er sich als Kind meist nur von seinem Umfeld wahrgenommen gefühlt hat, wenn er *körperlich* erkrankt war. Letztlich definiert er sich heute auch noch gelegentlich über seine ihm von den Ärzten verliehenen Diagnosen. Ja, das tut er wohl immer noch, wenn ihn die Identitätsfrage wieder einmal verunsichert. Dann ist er wieder ***Alwin, der Alkoholiker***.

Wenn er mit Kindern zusammen war und ist, erlebte und erlebt er das Gefühl, sich selbst nahe zu sein. Er ist nicht mehr nur der unbekannte Fremde für sich, er kann sich selbst in ihnen erkennen, er kann sich in einigen von ihnen sehen, wie in einem intakten Spiegel. Sie geben ihm selbst gewissermaßen Teile seiner eigenen Identität zurück. Ja er ist *auch **Pedro, der Pädophile***. Heute ist ihm klar, warum diese Zeit, in der er noch mit Kindern zusammen arbeiten konnte und durfte, eine der schönsten Zeiten seines Lebens war. Er konnte endlich einmal Kind unter Kindern sein. Er hat sich bis zu seiner Kastration auch über seine, in seiner inneren Welt lebenden Kinder definiert, zum Beispiel über den ***kleinen blonden Kerl*** in ihm. Die freiwillige Kastration hatte dann aber leider nicht nur körperliche Nebenwirkungen, sie nahm ihm in gewisser Weise auch wieder einen Teil seiner (männlichen?) Identität.

Dieser Schritt vor mehreren Jahren hat sein Leben verändert. Er könnte es auch heute noch nicht genau sagen, ob er sich damals so wirklich richtig entschieden hat. Es wird wohl, wie das Meiste in seinem Leben, Fluch und Segen zugleich sein. Auftauchende sexuelle Phantasien kann er jetzt endlich sofort stoppen und er tut das auch, sie waren vorher immer eine extreme Belastung für ihn. Der körperliche Anteil seiner Sexualität ist fast ganz verschwunden, er lebt im Sinne von AS (Anonyme Sexaholiker) als trockener Sexaholiker. Das „Trinken mit den Augen", laut AS definiert als ein Teil der „Lüsternheit", ist zwar geblieben, aber er kapituliert jedes mal bewusst davor. Er kann sie an Gott abgeben und macht dann immer wieder die tolle Erfahrung, dass sie sich auch sofort auflöst. Das ist *seine* ganz praktische „Gotteserfahrung" und *seine* alltäglich erlebbare „Gebetserhörung". Von der sexuellen Seite der Pädophilie her gesehen kann er also eine vorher nie gekannte Freiheit erleben. Der Preis dafür ist, dass er sich nun oft als ein geschlechtsloses Wesen fühlt, was den Aspekt seiner „Eigenfremdheit" und „Nicht-Zugehörigkeit" wieder verstärkt. Ein weiterer hoher Preis sind die vielfältigen körperlichen (und auch psychisch-depressiven) Nebenwirkungen, die er zu spüren bekommt, seit sein Testosteron-Spiegel alle drei Monate durch eine Depot-Spritze auf fast Null gefahren wird.

Er identifizierte sich bisher also im Grunde dadurch, dass er Suchender, trockener Alkoholiker, Borderliner, sexuell trockener Pädophiler und Kind geblieben ist. Aber das verändert sich, nur sehr langsam zwar, durch die zuerst *Kopf-mäßige* Erkenntnis, dass er auch noch eine neue Identität als

Gotteskind finden konnte. Diese Erkenntnis hat er schon relativ lange, seit seiner beginnenden Trockenheit als Alkoholiker vor Jahrzehnten, als Gott ihn damals fand. Aber erst in letzter Zeit kehrt auch wieder das zaghaftes Gefühl von damals zurück, dass er auch so sein darf, dass er auch aus seinem „inneren Kern" heraus so ist, wie er ist, dass Gottes Liebe für alle gilt, sogar für Alkoholiker, Borderliner, Pädophile, erwachsene Kinder und Suchende, vielleicht sogar besonders für sie. Ist er also ***Gottfried, der Glaubende***?

Das ist seine, hoffentlich immer größer werdende Hoffnung und ein wichtiger Antrieb für ihn, der ihn immer noch (weiter-) leben lässt.

Nebel

Wabernde Schleier, lautlose Einsamkeit.
Tastende Schritte auf steinigem Pfad –
Wohin?
Wege verfehlt, herumgeirrt.
Verlorener Schrei der Angst, ungehört.
Nebeltrost – verhüllt das Unfassbare.
Und doch wird der Schleier zerreißen –
wenn die Sonne hervorbricht
mit wärmendem Strahl
Tränen trocknend:
Hoffnung.

2. Erwin, der Suchende

Spiegelsplitter

Erwin befand sich auf *seinem* Weg.

Auf seinem *eigenen*, langen, schon sein ganzes bisheriges Leben andauernden, manchmal auch sehr holprigen und steinigen Weg.

Erwin war fast immer unterwegs. Er blieb selten länger an einem Ort, war fast schon getrieben auf der Flucht vor der Leere, die er manchmal in sich spüren und kaum aushalten konnte.

Nur selten gestattete Erwin sich ein Innehalten, eine Rast, eine Ruhepause, in der er vorsichtig zurück sah, ob er nicht einen seiner wertvollen, auf dem Weg gefundenen „kleinen Schätze" wieder verloren hatte.

Auf seinem Weg musste Erwin öfter nachts unbekannte finstere Wälder durchqueren, die voll von nächtlichen Geräuschen und unbekannten Düften waren. Sie lösten in ihm inzwischen vorher nie verspürte Ängste, manchmal sogar Panik aus. Erwin war auch dem Wetter ausgeliefert und dem Auf und Ab der Landschaft. Er war oft als Bettler, seltener als ein „kleiner König" unterwegs. Wenn Erwin sich einmal verirrte oder versuchte, *den*, seinen *eigenen* Weg zu verlassen, vielleicht um einen bequemeren gehen zu können, dann zog ihn eine unbekannte Macht doch wieder auf *seinen* Weg zurück.

„Trümmermann" war er zwar keiner, er war ja schließlich *nach* dem letzten Krieg in diese Welt geboren worden. Aber er war und blieb ein Sammler, ein Splittersucher, ein Mosaik-Gestalter, ein Puzzle-Künstler.

Erwin hatte schon in viele Spiegel geschaut, die ihm begegnet waren. Wenn sich ihm dazu die Gelegenheit bot, tat er dies fast immer. Aber die Gestalten, die er in diesen fremden Spiegeln sah, hatten nicht viel mit ihm selbst zu tun, sie waren und blieben lange Zeit für ihn etwas Fremdes, aus einer ihm fremden, unnatürlichen Welt stammend.

Zeitlebens war Erwin schon auf der Suche nach *seinem eigenen* Spiegelbild, das er in *seinem*, zu *ihm* gehörenden Spiegel zu finden hoffte. Er konnte aber leider immer nur einzelne kleine Splitter entdecken. Sie lagen lose verteilt auf seinem Lebensweg, manchmal weit verstreut, manchmal nah beieinander liegend und wenn er wieder einmal den einen oder anderen oder auch mehrere davon fand, hob er diese Splitter auf und sammelte sie, er betrachtete sie ab diesem Zeitpunkt als zu seinem gut behüteten „inneren Schatz" gehörig.

Erwin sammelte manchmal Splitter auf, die waren sehr schön und sie konnten im warmen Sommerlicht wie ganz feingeschliffene Miniprismen die Regenbogenfarben sichtbar werden lassen. Einige wirkten dagegen sehr alt und blass und fleckig und auch schon verwittert. Andere lösten beim näheren Betrachten fast unerträgliche Schmerzen in ihm aus und brachen alte Narben wieder auf. Erwin hatte schon mehrmals versucht, *diese* Splitter wieder loszuwerden und zu entsorgen. Aber gerade *diese* erwiesen sich, erst einmal in die Hand genommen, als sehr hartnäckig und fest an ihm klebend. Irgendwann hatte er diese vergeblichen Versuche, sie loszuwerden, sein gelassen. Er hatte schließlich akzeptieren müssen, dass auch *sie* einmal wertvolle Teile seines Spiegelbildes werden sollten.

Es war oft ein einsamer Weg, den Erwin gehen musste. Von ganz klein auf hatte es natürlich auch Menschen gegeben, die ihn auf Teilstrecken seines Weges begleitet hatten. Doch er kannte es nur so und konnte auch nicht anders, Erwin blieb sehr lange ein etwas seltsamer Fremder in dieser Welt. Selbst wenn um ihn herum alles voller Menschen war, er blieb für sich, allein, ein stiller Beobachter. Beide, die Sehnsucht nach Nähe und die Einsamkeit, waren seine unerklärten stillen Freunde und auch Feinde, sie ließen ihn oft macht- und hilflos sich selber und anderen gegenüber zurück.

Erwin lief von Tag zu Tag, von Monat zu Monat und von Jahr zu Jahr, lief und lief und war sich irgendwann nicht einmal mehr sicher, ob *dieses*, *sein* Spiegelbild in *seinem* Spiegel, überhaupt jemals in der Vergangenheit als Ganzes existiert hatte. Wenn dem aber so war, so musste wohl ein sehr großer und schwerer Stein schon früh in seiner Kindheit diesen, *seinen* Spiegel, total zerstört haben.

Er wurde sich auch immer weniger sicher, je länger er seinen Weg beschritt, ob es überhaupt möglich war, das Spiegelbild *seines* Lebens zu finden.

Wenn er auf dem Weg hinfiel - und er fiel oft hin - hatte er schon manchmal versucht, aus den von ihm gefundenen Splittern ein sinnvolles Bild zusammenzusetzen. Aber es war bisher immer ein Stückwerk geblieben, wie ein unvollendetes Mosaik oder ein Puzzle mit fehlenden Teilen. Und wenn es dann *doch* einmal den Anschein erweckte, dass so etwas wie ein verschwommenes Bild von ihm entstehen könnte, brauchte es meist nur eine kleine Erschütterung oder eine unbedachte Bewegung durch ihn oder andere und er stand wieder einmal vor seinem eigenen Spiegelsplittertrümmerhaufen.

Erwin blieb immer unterwegs, lange auf der Suche, ohne ein erkennbares Ziel. Er fand nirgends einen Ort, den er seine Heimat hätte nennen oder an dem er gerne für immer hätte bleiben wollen. Aber er schaffte es trotz allem, was er auch erleben musste, sich seine kindliche Neugier und die Fähigkeit zum Staunen zu bewahren.

Erwin war nicht nur ein ewiger Wanderer, sondern auch ein Grenzgänger. Er wanderte beliebig zwischen den verschiedenen äußeren und für sich selbst erschaffenen, imaginären inneren Welten hin und her. Nicht immer gab es dabei für ihn klare Grenzen zu erkennen.

Er konnte durchaus eine halbe Stunde staunend an einem Waldbach sitzen und einem Pärchen von Bachstelzen beim Hochzeitsflug zusehen, zuhören und sich darüber kindlich freuen. Erwin saugte dann diesen wertvollen, neu gefundenen Splitter fast in sich auf. Natürlich, dieses unbändige Gefühl von Freiheit und Lebensfreude gab es *auch noch* in ihm, er musste sich nur die Zeit dazu nehmen, um gründlich und tief genug danach zu graben. Wenn er dieses Gefühl dann endlich einmal gefunden hatte und es dann auch noch zulassen konnte, liefen ihm warme Tränen über seine Wangen und die Zeit schien für ihn still zu stehen.

Seine Tränen waren, genau wie er, Grenzgänger. Grenzgänger zwischen dem tollen Erlebnis der soeben erst wiedergefundenen Hochgefühle und der Trauer darüber, dass es in der Vergangenheit und Gegenwart sogenannte *erwachsene* Menschen gegeben hatte und immer noch gab, die ihm gerade *diese* Gefühle wieder nehmen wollten. Dann meldete sich in ihm der kindliche Trotz und Stolz zurück. In dieser Beziehung war und blieb Erwin den „Erwachsenen" gegenüber fast immer ein innerer Sieger, so oft er auch nach außen hin verlor. Dieser kindliche Trotz und Stolz war es, der ihn vor der gänzlichen Zerstörung seiner Seele bewahrt hatte. Doch der Preis, den er dafür wieder und wieder zahlen musste, war die ihm eigene Instabilität und Krassheit seiner Gefühle. Aber Erwin wollte auch so leben, kannte und konnte es auch nur so. In den Zeiten des Hinfallens, wieder Aufstehens und Weitergehens spürte er diese grausame innere Leere in sich seltener, vor der er sich so sehr fürchtete. Er konnte dann spüren, dass er immer noch lebte und fühlte und trotz allem doch auch ein kleiner

Teil dieser Welt war.

Erwin lernte und erkannte es im Weitergehen immer deutlicher, obwohl er es nie ganz verstand. Es sollte *ihn so* geben und vielleicht war sein Spiegelbild gar nicht mehr so wichtig - wichtig war letztlich nur, dass er *seinen* Weg immer weiter ging, sein ganzes weiteres Leben lang.

Kaleidoskop

Zusammengefügt für den Bruchteil
einer Sekunde
Farben – Formen,
aus bunten Splittern entstanden.
Meinte zu erkennen ein Bild -
mein Bild?
Zerstört im Augenblick, nichts bleibt.
Suche nach Veränderung,
Neues formt sich...
... und vergeht.

Wellen am Mittelmeer

Erwin macht Rast auf seiner Lebensreise, auf der Suche nach sich selbst.
Er sitzt am Strand des Mittelmeeres und bestaunt das Wasser.
Er beobachtet, wie auf der ruhigen, stillen Wasseroberfläche, zuerst kaum wahrnehmbar, Wellen entstehen. Wellen, die in der Sonne zu glitzern beginnen und immer höhere Berge und tiefere Täler bilden. Die Gipfel der Wellenberge erhalten nun weiße Schaumkronen, die, ab einem bestimmten Zeitpunkt, oben überkippen und herab stürzen. Schließlich kommen sie, immer langsamer werdend, am Kieselufer zum Stillstand. Sie versuchen noch, als Wasserrinnsal ins Meer zurückzufließen ... Bis die nächste Welle kommt und alles überspült.
Erwin faszinieren diese Wellen.
Hier am Mittelmeer sind sie besonders schön, findet er, mitten im Februar, bei blauem Himmel und strahlendem Sonnenschein.
Da es hier keine Ebbe und Flut gibt, kann er stundenlang am warmen Strand sitzen mit dem beruhigenden Rauschen des Meeres in den Ohren.
Er ist erfüllt von einem tiefen Gefühl des Friedens und des Eins-Seins mit der Natur.
Er genießt es, im Moment *jetzt hier*, so wie er ist, zu *dieser* Zeit und an *diesem* Ort *richtig* zu sein.
Er empfindet große Dankbarkeit, dass er dies erleben darf, nach diesen Momenten des Glücks hat

er sich sein ganzes Leben lang gesehnt.

Plötzlich ist ihm, als wenn die Wellen beginnen, zu ihm zu sprechen:

Siehst du es?
Erkennst du es?
Kannst du es endlich spüren?
Du bist wie wir!

Jede Einzelne von uns steigt aus dem großen Meer auf, nur für kurze Zeit, um anschließend wieder in ihm zu versinken. So, wie es schon seit ewigen Zeiten war und für ewige Zeiten auch weiter sein wird.

Im Orkan kommen wir mit mächtiger Gewalt daher, ein andermal kann man uns kaum spüren.

Jede von uns ist einmalig, es gibt keine zwei Wellen, die einander gleichen.

Nur im Gegensatz zu dir muss sich keine von uns fragen, warum dies so ist, wir können es genießen, einfach zu sein, als ein kleiner Teil des großen Meeres.

Und du?
Sieh dir *dein* Leben an!
Gleicht es nicht dem unseren?

Auch du bist ein kleiner Teil eines unendlichen Meeres.

Auch du wurdest aus ihm geboren und dein Leben verlief und verläuft immer wieder in einzelnen Wellen.

Auch du hast immer wieder versucht an den Strand zu kommen, weil du hofftest, dort sei „dein großes Glück" zu finden, nach dem du so suchtest.

Aber was würde denn geschehen, wenn du es endlich schaffen könntest, auf den Strand zu kommen um dann dort zu bleiben? Du würdest als Pfütze oder als kleiner Tümpel enden, einsam, getrennt vom unendlichen Meer. Du würdest innerhalb kürzester Zeit in der heißen Sonne verdunsten oder im Sand versickern.

Letztlich würdest du doch auch nur wieder im großen Wasserkreislauf der Natur im Meer landen, dort, wo du auch hingehörst.

Selbst dein Inneres, deine kleine Seele, ist auch wie ein Meer in dir.

Manchmal steigen Teile deiner Seele wie Wellen in dir auf. Gefühle, die den Riesenwellen im Sturm gleichen, die dich zu überrollen scheinen.

Ein anderes Mal melden sie sich eher als ein sanftes Gleiten unter einer dichten Nebelwand, als kaum spürbare Regung.

Oder vielleicht gleichen sie verspielt umher tollenden Sommerbadetags-Wellen.

Auch wir werden von Wind und Wetter bestimmt, von der Art des Strandes, an den wir irgendwann gespült werden.

Wir sind wie du!

Es bringt uns gar nichts, ewig zu grübeln, wozu und warum wir *gerade jetzt hier* sind.

Wir wurden aus dem Meer geboren und kehren dorthin zurück, im ewigen Kreislauf der Natur.

Manchmal gibt es auch für uns Momente des Glucks, wenn wir Menschen wie dich am Strand vorfinden, die sich an unserem Anblick erfreuen

oder die mit uns während eines Sommerbades spielen.
Aber nimm dich in Acht!
Wir können auch zerstörend sein, wie auch du es sein kannst.
Gib acht darauf, wenn du uns begegnest!
Würde denn eine von uns denken, sie sei größer als ihr Meer?

Auch du bist angewiesen auf das, was dich umgibt.

Denke nicht du seist eine besondere Welle, besser als andere und du bräuchtest das Meer nicht. Ohne dieses Meer würdest du überhaupt nicht existieren.
Lerne von uns!
Genieße die kurze Zeit deines Daseins und wenn du die Möglichkeit dazu hast, erfreue einige dir begegnende Menschen einfach mit deiner Existenz.

Der Feind in ihm

Erwin befand sich inzwischen im voraussichtlich letzten Drittel seines Lebens und war mit ihm und sich selbst im Großen und Ganzen zufrieden. Er war nach wie vor auf Wanderschaft. Gelegentlich fand er noch den einen oder anderen Splitter, der wahrscheinlich auch zu seinem Spiegelbild zu passen und zu gehören schien.

Es war absolut nicht so, dass ihm gar keine Hindernisse mehr auf seinen Wegen begegneten. Aber ihre heutige Größe war in keiner Weise mehr mit der zu vergleichen, die sich ihm auf seinen früheren Wanderungen entgegengestellt hatten und die er überwinden musste. Auch der Aufwand, sie zu bearbeiten hatte sich wesentlich verringert, um sie nach getaner Arbeit hinter sich zu lassen und dann weitergehen zu können. Er besaß heute viel mehr und bessere Werkzeuge als früher. Erwin hatte in sich einen Frieden und eine Gelassenheit gefunden, die ihm auch äußerlich eine gewisse Stabilität verliehen. Er wusste zwar nicht so genau, ob seine Wegbegleiter diesen Aspekt immer *genau so* sahen, aber er empfand das so. Das war letztlich entscheidend für sein jetziges Leben.

Natürlich stolpert er auch heute noch über alte, nicht mehr aufzufüllende Löcher und ihm, von sich selbst oder seinen Mitmenschen, gestellte Fallen. Sie brachten ihn gelegentlich noch immer zum Straucheln, doch das Sicherheitsnetz, das er sich selbst inzwischen geknüpft hatte, besaß ziemlich enge Maschen und konnte ihm meist auch schnell wieder auffangen.

Aber es gab da trotz allem noch, den von ihm ohne Hilfe schwer zu beherrschenden inneren Feind, der versuchte, ihn wie eine Krallenhand aus einem uralten Grab zu fassen zu bekommen, um ihn dann in ihren finsteren Höllenschlund herab zu ziehen. Er konnte zwar immer besser lernen, diese abwärts führende Spirale in sich rechtzeitig zu erkennen und gegenzusteuern, um sich frühzeitig vom Rand des Soges einer beginnenden Depression zu retten und in Sicherheit zu bringen.

Manchmal jedoch trafen ihn die Auslöser dieses Soges völlig unverhofft und unvorbereitet. Dann musste Erwin sich schnell entscheiden. Die Rettung für ihn bestand darin, sich trotz oder gerade wegen der inneren Lähmung, die ihn dann meist überfiel, aktiv zu werden, gegenzusteuern und sich nicht seinen Ohnmachtsgefühlen zu überlassen. Wege dazu gab es genug: Gemeinschaft, Reden, Beten, Schreiben, Lesen, Tapetenwechsel. Er musste nur auch bereit sein, einen dieser Wege zu gehen und gerade das war nicht immer leicht. Es war also gar nicht so wichtig für ihn, *welchen* Weg er wählte, sondern, dass er überhaupt weiterging.

Er lernte auch, auf die Auslöser zu achten, denn die konnte er zumindest schon zum Teil vorher spüren. Schmerz, Wut, Unzufriedenheit, Groll ... Es waren besonders die Gefühle, ausgegrenzt zu werden, nicht dazuzugehören, von anderen nicht akzeptiert und beachtet zu werden oder falsch zu sein, so wie er war. Diese Gefühle verletzten sein Selbstwertgefühl, sie konnten tief sitzende Wunden in ihm wieder zum Bluten bringen.

Doch in Erwin hatte sich inzwischen einiges verändert. Er wusste sich von Gott bedingungslos geliebt und angenommen. Er hatte eine Liebe erfahren, die ihm Menschen nicht geben konnten. Dieses ehemals riesengroße Loch in seinem bodenlosen inneren Fass begann kleiner zu werden. Er wusste, dieses Loch der Sehnsucht nach voller Annahme, Geborgenheit, Liebe und Zuwendung würde sich in diesem Leben nie ganz schließen lassen. Er hatte bisher aber noch keinen Menschen kennengelernt, dem es nicht ähnlich ging. Es würden auch in Zukunft Wunden und Vernarbungen bleiben und es würde wieder neue geben, das Leben war eben so. Doch der entscheidende Unterschied zu früher lag darin, dies akzeptiert und angenommen zu haben. Letztlich hatten ihn seine Wunden und Narben zu dem gemacht, der er heute war. Sie gehörten zu ihm. Diese Verletzungen würden auch in Zukunft Schmerzen und Zweifel in Erwin auslösen, aber die waren auszuhalten und hatten ihre frühere zerstörerische Macht über ihn fast gänzlich verloren.

Alles in Allem war Erwin ein Mensch geworden, der sich mit seinen Defiziten, Fehlern und Grenzen selbst annehmen konnte, so sah er sich heute jedenfalls. Er hatte sich von einem in vielen Dingen negativ denkenden und fühlenden, einsamen und verschlossenen Griesgram in einen Menschen verändern lassen, der heute viel positiver dachte und fühlte und der auch lieben konnte. Seine Verbitterung von früher löste sich mehr und mehr in Wohlgefallen auf und er war überzeugt, dass dies die meisten Menschen um ihn herum auch spüren konnten. „Ein Lächeln, dass du einem anderen schenkst, kommt zu dir zurück." war zu einem seiner Lieblingssprüche geworden. Und es lag nun an ihm selbst, diese Erfahrung jeden Tag wieder neu machen zu können.

3. *Der kleine blonde Kerl*

Herkunft

Er wird 1959 als kleiner blonder Kerl in diese Welt geworfen, keiner hat *ihn* gefragt, ob er das überhaupt wirklich will.

Als anatomischer Junge landet er im Ostteil eines Landes, dass Jahrzehnte zuvor nacheinander zwei Weltkriege begonnen und beide glücklicherweise auch verloren hatte, dessen Menschengenerationen sich von den traumatischen Folgen des letzten Krieges zu *seinen* Lebzeiten nie mehr erholen würden.

Wie viele junge Menschen der damaligen Zeit, die im Chaos des Krieges groß wurden, geprägt von Bombenhagel, Flucht und Vertreibung, von Todesängsten und Grausamkeiten aller Kriegsparteien ohne Ende, wollen auch seine jungen Eltern (beide geboren 1935) endlich ein neues Leben beginnen.

Sie haben 1958 geheiratet, ihn gezeugt. Mit Mühe finden sie nach seiner Geburt eine Wohnung. Genug Arbeit gibt es für alle in der DDR, die arbeiten wollen und es noch können.

Sehnsüchte und Hoffnungen trauen sich langsam aus den tiefen Löchern der fast ganz zerstörten Kriegskinderseelen aufzusteigen und ins Tageslicht zu treten:

- Endlich heraustreten aus dem Elend ihrer Kindheit, die eigentlich nie eine gewesen ist.

- Endlich heraustreten aus der grauen Anonymität der vielen Toten, Halbtoten und den Zügen der Elenden.
- Den Blick endlich aufheben können, in Richtung einer helleren und bunteren Zukunft.
- Endlich eigenes Geld verdienen, sich mit viel Fleiß vielleicht ein kleines Glück schaffen können.
- Eine eigene kleine Familie gründen, vielleicht sogar Erfolg im Beruf haben, sich endlich einmal etwas leisten und gönnen dürfen.

Nur ist Keiner mehr da, der wirklich weiß und es ihnen sagen könnte, wie das eigentlich geht: „Glücklich sein" und „Unseren Kindern soll es einmal besser gehen als uns." Und so beginnen sie einfach.

Nach den damals in der DDR üblichen sechs Wochen nachgeburtlichem Schwangerschaftsurlaub beschließen die Eltern des kleinen blonden Kerls, ihn in eine sogenannte Wochenkrippe zu geben. Vater Staat hat ihnen gesagt, dies sei gut für die Entwicklung ihrer und *seiner* Kinder. So können und wollen sie alle beide arbeiten, auch für Weiterbildung ist noch genügend Zeit da. Den Wunsch, sich zwei nagelneue Fahrräder anzuschaffen, können sie sich sogar ein paar Monate früher erfüllen. Es kann oder will damals kein Mensch absehen, welche Folgen das für den kleinen blonden Kerl wohl haben wird. Nennen wir ihn einfach Franzl (weil er noch ganz klein ist). Franzl ist ein hochsensibles und wie sich später noch herausstellen sollte, begabtes kleines blondes Kerlchen. Wochenkrippe, das bedeutet für ihn am Montag früh dort abgegeben zu werden und da auch noch samstags gearbeitet werden muss, erst am Sonnabend Abend dann wieder einmal für einen Tag und zwei Nächte bei Mutter und Vater zu landen. Den Sonntag verbringen sie gemeinsam mit ihm, um ihn dann wieder montags, Woche für Woche, in die Wochenkrippe zu bringen. Das Ganze läuft, bis auf Krankheits- und Urlaubsunterbrechung, drei Jahre so ab. Die ersten drei wichtigsten und prägenden Jahre im Leben eines Menschen, sagt man *heute*. Und *wie* diese Jahre den kleinen blonden Kerl geprägt haben. Es bleiben ihm auf alle Fälle aus dieser Zeit ein paar hartnäckige „rote Fäden", die seine Lebenslinie in Zukunft mit großer Regelmäßigkeit immer wieder einknicken lassen werden.

Noch ein Erlebnis gräbt sich im ersten Lebensjahr tief in seine Seele ein. Franzl hat die Erfahrung gemacht, Krankheit bedeutet bei Mutter sein zu können. Für Mittelohrentzündungen sind Kleinkinder anfällig und so bekommt er sie natürlich auch. Beidseitig versteht sich, das dauert länger, dann kann er länger bei Muttern sein. Leider funktioniert das nur diesmal *so* nicht, denn er kommt in ein Krankenhaus. Sie schneiden ihm beide Ohren auf, er wird operiert. Da er sich als Baby natürlich immer wieder an den verbundenen Kopf greifen will, weil es weh tut oder später juckt, wird er am Gitterbettchen festgebunden. Da liegt er nun, tagelang und da es Komplikationen gibt, wochenlang - ohne einen einzigen Kontakt zu seinen Eltern. Denn diese dürfen an den Besuchstagen nur durch eine Fensterscheibe der verschlossenen Tür in den Saal sehen, in dem auch ihr Kleinfranzl liegt. Nach Beendigung seines Aufenthaltes in dieser Klinik wälzt sich sein Körper auch zuhause stundenlang von einer Seite auf die andere, das wird sich mit der Zeit wieder verlieren, das „Kopfrollen" wird er bis in die Pubertät hinein als „Einschlafhilfe" beibehalten.

Viel später, er ist fünfeinhalb Jahre alt, wird langsam zu Kleinfranz, will seine Mutter das erste Mal mit ihm zum Friseur gehen. Er sitzt auf dem Friseurstuhl und sieht nur die Person im weißen Kittel, die ihm auch noch an den Kopf will, er dreht völlig durch, mehrere Erwachsene können ihn nicht halten, er rennt aus dem Laden auf die Straße.

Franzl ist vier Jahre alt, da geht er bereits ganztägig in den Kindergarten. Es meldet sich Nachwuchs bei seiner Mutter an. Dieser Bruder kommt, wahrscheinlich durch Verwendung eines Contergan-ähnlichen Mittels, mit offener Bauchdecke zur Welt und wird nur mehrere Wochen alt. Franzl fährt mit seiner Mutter jeden Tag mit in das Kinderkrankenhaus, sie bringt die abgepumpte Muttermilch für seinen Bruder dorthin. Aber sehen darf Franzl seinen ersten Bruder nicht. Er muss immer draußen auf dem Flur der Klinik warten. Und daran wird Kleinfranzl sich auch später noch erinnern können (es ist seine erste „bewusste Erinnerung"): Seine Mutter kommt eines Tages tränen-überströmt aus der Tür, nimmt ihn stumm an die Hand und fährt mit ihm in der Straßenbahn nach Hause. Dieses Gefühl dabei wird den kleinen blonden Kerl prägen, er wird es nie mehr vergessen können, es wird für ihn auch zu einem solchen „roten Faden": Er steht in der Straßenbahn, die Sonne scheint warm durch die Fenster, seine Mutter sitzt mit ihrem verweinten Gesicht, abgewandt von ihm. Der kleine blonde Kerl geht zu ihr hin, will sie nur leise fragen, warum sie weint und will nur versuchen, sie zu trösten. Sie schubst ihn von sich weg, ohne ihn auch nur einmal anzusehen. Dies ist der Moment, in dem er sich, zumindest in seiner Erinnerung, auch das erste Mal in seinem Leben, von dieser Welt abtrennt und sie nur noch wie in einem Film wahrnimmt. Dass sein Bruder gestorben ist, hat Franzl durch seinen Vater, später, nach der Arbeit, erfahren. Er hat ihm dann irgendwann auch das Kindergrab auf dem kleinen Friedhof gezeigt.

Ein reichliches Jahr später tritt dann sein zweiter Bruder in Franzls Leben.

Kleinfranz ist zu diesem Zeitpunkt bereits ein sehr stilles, in sich zurückgezogenes Kind. Seine Eltern sind nicht in der Lage, überhaupt zu erkennen, was in ihm wirklich vorgeht. Seine Gefühle nimmt er kaum noch wahr, ihm hat auch nie jemand gezeigt, wie sie einzuordnen sind und wenn sie ihn später manchmal in einem Wutanfall überrollen, lehnt er sie, als etwas für ihn Fremdes, ab. Außerdem entziehen sie sich manchmal vollkommen seiner Kontrolle. Die Gefühle anderer Menschen um ihn herum kann er dagegen oft sehr gut spüren. Er lernt sehr schnell, sich entsprechend zu verhalten. Er erkennt früh, dass er anders ist, als die meisten Kinder um ihn herum. Natürlich ist ihm das vom Verstand her jetzt noch nicht so bewusst, er kann diese Gabe sowieso nicht als ein Geschenk sehen, sie ist für ihn viel eher Fluch. Er hat vor allem auch durch seine Mutter gelernt, sich vor anderen Menschen in Acht zu nehmen, sich vor ihnen zu verstecken, denn sie wollen ihn angreifen, „diese Welt da draußen" ist schlecht und falsch.

Ja, Falschheit und Lüge kann er auch oft sehr schnell durchschauen. Es ist für Franzl nicht zu verstehen, warum er zu Leuten, bei denen er deutliche Ablehnung spüren kann, freundlich sein und sich von anderen wieder, zu denen er sich hingezogen fühlt, fernhalten soll. So trägt er schon viele Fragen zu dieser Welt in sich. Es gibt so viele für ihn unverständliche Widersprüche, die er erkennen und sehen kann. Aber es gibt keinen einzigen Menschen in seiner Nähe, der genug Zeit und Lust hat, ihm diese Welt zu erklären. Das Lernen an sich hat ihm immer Spaß gemacht, er freut sich daher auch schon auf die Schule. Dort wird er Glück haben mit der Lehrerin und den Erziehern, zumindest die ersten zwei Schuljahre lang.

Willkommen im Chaos, kleiner Mann!
Da sind Hände, die dich tragen –
hinaus in die Kälte.
Lachen, Weinen, Schmerz, Mitgefühl?
Keine Sorge: Wir machen dich hart;
du wirst nichts mehr spüren.
Das ist der Gewinn
– fürs Kollektiv.

Schulgeschichte

Der kleine blonde Kerl sitzt in einer Klasse von etwas weniger als 30 Schülern im dritten oder vierten Schuljahr. Sie alle sitzen auf diesen viel zu großen alten Holzstühlen mit den fast quadratischen, harten Sperrholzsitzflächen, auf denen sich schon ganze Generationen von Schülern vor ihnen ihren Hintern taub gesessen haben.

Der kleine blonde Kerl rutscht schon eine gefühlte halbe Ewigkeit unruhig auf der Sitzfläche seines Stuhles hin und her. Er müsste dringend auf's Klo. Vielleicht hat er vergessen, in der letzten kleinen Pause noch schnell dorthin zu gehen oder es ist etwas dazwischen gekommen oder er hat sich die Blase ein wenig verkühlt oder die fünf Minuten Pausen sind einfach nur zu kurz, denn manchmal müssen sie ja durch das riesige Schulgebäude der uralten Klosterschule in ein anderes Schulzimmer umziehen. Zu spät zum Unterrichtsbeginn zu erscheinen, ist in dieser streng geführten Schule höchst strafbar.

Er weiß das genau, denn er fährt jeden Tag 25 Minuten mit der Straßenbahn in diese Schule und abends gegen halb fünf, nach dem Schulhort, wieder nach Hause. Es sei denn, er hat zweimal in der Woche Orchesterprobe oder einmal je Woche Musikschulunterricht, dann wird es erst viel später. Im Winter findet er das blöd, denn am Morgen ist es *noch* und am Abend *schon* dunkel, wenn er endlich wieder zu Hause ankommt. Manchmal, wenn er morgens die rechtzeitige Straßenbahn verpasst, ab und zu fällt auch eine aus oder kommt durch einen Verkehrsunfall später in der Stadt an, dann rennt der kleine blonde Kerl. Er hofft darauf, dass der Hausmeister die Schultür heute erst ein oder zwei Minuten später verschließt. Dann kann er es noch schaffen, *vor* der Lehrerin in der Klasse an seinem Platz zu stehen, wenn es zum Unterricht klingelt.

Einmal hat er schon dieses Glück gehabt und der Hausmeister hat ein Auge zugedrückt und ihn noch schnell reingelassen, obwohl er über zwei Minuten zu spät war. Doch sonst muss der kleine blonde Kerl dann immer eine ganze Schulstunde lang bis zur nächsten Pause vor der verschlossenen Schultür warten, allein mit seiner Angst und seinem schlechten Gewissen, denn die Lehrerin interessiert es nicht, dass er vielleicht gar keine Schuld an der Verspätung hat.

Er muss sich dann immer vor die Klasse stellen und die Lehrerin sorgt dafür, dass er sich so sehr schämt, dass er nicht mehr da sein will.

Irgendwann, wenn es vorbei ist, schleicht er mit gesenktem Kopf zu seinem Stuhl zurück und wagt es den Rest der Schulstunde nur soweit aufzublicken, dass er gerade noch mitbekommt, was an der Schultafel geschieht, denn das muss er. Die Lehrerin merkt es sofort, wenn er unaufmerksam wird und ruft ihn extra auf. Der kleine blonde Kerl muss dann aufspringen und wenn er nicht richtig auf ihre Fragen antworten kann, will er auch nicht mehr da sein.

Leider ist er in seiner Klasse Spitzenreiter im Zuspätkommen, fast alle anderen Schüler wohnen in der Stadt, in der Nähe der Schule. Nur noch zwei Mädchen wohnen auch außerhalb. Wenn die mal zu spät kommen, gilt ihre Entschuldigung, denn die Lehrerin mag kleine Mädchen, aber leider keine kleinen Jungs, wie ihn. Aber den Mädchen passiert so etwas sowieso äußerst selten. Da der kleine blonde Kerl inzwischen große Angst vor der dunklen mittelalterlichen Schule und der Lehrerin hat, geht er natürlich so spät, wie möglich von zu Hause los und nimmt auch möglichst die letzte Bahn zur Schule, die ihm dann eben manchmal gerade vor der Nase wegfährt.

Doch das alles ist *ihm* jetzt völlig egal, denn er muss dringendst auf's Klo. Er merkt langsam, dass er es bis zur nächsten Pause nicht mehr anhalten kann. Der kleine blonde Kerl hat es bei dieser Lehrerin noch nie gewagt, sich zu melden oder erst recht nicht sie zu bitten, in der Schulstunde auf's Klo gehen zu dürfen. Andere erlauben sich dies schon, zum Beispiel der, den sie heimlich Tiolette nennen, weil er nicht Toilette, sondern nur Tiolette sagen kann. Der traut sich das fast jeden dritten Tag, in der Schulstunde zu fragen und darf dann auch gehen. Der kleine blonde Kerl würde sich das nie trauen.

Aber jetzt muss er es, denn es will und will nicht zur Pause klingeln. Er tut es und hebt zaghaft den Arm. Die Lehrerin sieht es erstaunt und fragt ihn:

„Was willst du?" Er springt auf: „Ich muss mal dringend.", sagt er zaghaft. „Die paar Minuten bis zur Pause kannst du warten, setz dich wieder!". Der kleine blonde Kerl will nicht mehr sein, fällt auf dem zu großen, fast quadratischen Stuhl in sich zusammen und seine Tränen fangen lautlos an, zu kullern. Als er damit nicht mehr aufhören kann, lässt die Lehrerin sich doch noch erweichen. „Nun, dann geh schon!". Doch das kommt bei ihm schon nicht mehr an, denn als er spürt, dass etwas Warmes an seinem Bein herunterläuft, hat er sich längst weg geschämt, in seine eigene innere Welt. Wie aus weiter Ferne hört er noch, wie seine Nachbarschülerin sagt: „Es ist schon zu spät." Inzwischen hat sich am Stuhlbein wohl bereits eine Pfütze gebildet...

...Der kleine blonde Kerl sitzt auf dem Klo. Er weiß nicht mehr, wie er hierher gekommen ist und wie lange er hier schon sitzt. Seine Hose ist klitschnass und ihm wird klar, dass er sich vor der ganzen Klasse in die Hosen gemacht hat. Er will nie wieder dorthin zurück in diese Klasse, auf diesen Stuhl, zu dieser Pfütze. Nie mehr neben dieses Mädchen, die alles mit angesehen hat, seinen verzweifelten Kampf, seine Tränen, seine Ohnmacht, seine Niederlage, sein Versagen. Er riecht seinen eigenen Gestank. Er spürt, wie die nasse Hose an seinem Körper klebt, er ekelt sich vor sich selbst. Auf einmal geht die Klotür auf, jemand kommt herein und öffnet die Kabinentür. Die übergroße Lehrerin steht vor ihm, der kleine blonde Kerl wird noch kleiner, sitzt vor ihr und sie befielt ihm: „Ausziehen!" Sie hält ihm eine Papiertüte hin. Er öffnet die Tüte, eine dicke lange Wollunterhose ist darin, so eine, in der man von den anderen Jungs in der Sportumkleide immer gehänselt wird, wenn man sie im Winter an hat. Der Winter ist aber längst vorbei, es ist bereits Frühling. „Anziehen, ich muss in den Unterricht zurück!", faucht die Lehrerin. Der kleine blonde Kerl beginnt sich vor der Lehrerin die nassen Hosen runterzuziehen. Untenrum nackt friert er und ist dann doch froh, schnell die neue, dicke und trockene Unterhose anziehen zu können, wenigstens etwas, was wärmt. „Tu die nasse da rein!" Er nimmt mit langen Fingern die alte Unterhose und stopft sie in die Tüte. „Vergiss die nasse Oberhose nicht und komm endlich!". Die Lehrerin geht voran und er trottet mit der nassen Hose in der Tüte und in seinen neuen dicken Unterhosen hinterher. Bloß gut, dass Unterricht ist, da kann ihn wenigstens keiner von den Schülern auf dem langen und hohen Flur und den Treppen der alten Klosterschule sehen. Im Schulhort im obersten Stockwerk angekommen, wird die nasse Oberhose auf die Heizung zum Trocknen aufgehängt und in die Tüte noch die Rechnung von der gekauften neuen Unterhose gesteckt. Der kleine blonde Kerl sitzt dann in der nächsten Unterrichtsstunde wieder in seiner Klasse auf seinem inzwischen getrockneten Stuhl, neben seiner Klassennachbarin, er will nicht mehr da sein, vorn steht wie immer die Lehrerin. Die Pfütze ist verschwunden, die Angst vor der Lehrerin ist es nicht, sie ist noch etwas größer geworden. Es ist fast alles, wie immer. Nur der kleine blonde Kerl ist noch etwas kleiner geworden. Er fühlt sich ab diesem Tag noch etwas hilfloser, einsamer, schmutziger und falscher und vergeblich hofft er, dass ihm so etwas oder ähnliches nicht noch einmal passiert. Die Welt der Erwachsenen erscheint ihm noch fremder und feindlicher und irgendwann, in nicht allzu ferner Zukunft wird er sie ganz für sich ablehnen, wird sich dazu entscheiden, immer ein Kind bleiben zu wollen. Dazu fehlen ihm zu diesem Zeitpunkt noch ein paar tiefe Verletzungen seiner kleinen Seele, die warten aber in der Zukunft schon längst auf ihn.

Er weiß heute nicht mehr genau, was seine Mutter am damaligen Abend zu Hause noch zu ihm gesagt hat. Sie wird ihn sicher, wie immer ausgeschimpft und gemeint haben, dass er sich schämen soll. Aber das tat er ja sowieso schon. Ihre Worte waren, wie meist in solchen Situationen, wie Salz in einer Wunde. Er weiß eins ziemlich sicher, dass sie ihn nicht in ihre Arme genommen haben wird, um ihn zu trösten, das tat sie wohl nie, obwohl er sich, irgendwo, ganz tief in seiner kleinen Seele dieses kleine Wunder doch immer noch so sehr wünschte. Denn das Wunder gab es wirklich, bei anderen Kindern und ihren Eltern hatte er es schon manchmal beobachten können.

Welt Brandenburg

Die Welten, in denen der kleine blonde Kerl lebte, waren sehr voneinander abgegrenzt und existierten eigentlich jede für sich. Sie wussten zwar voneinander, hatten aber kaum etwas miteinander zu tun. Kleinfranz konnte sich noch erinnern, dass sich früher, als er in die Schule kam, in den ersten zwei Jahren, seine Familienwelt zum Teil noch mit der der Schulwelt überschnitt.

Aber jetzt war er schon 10 Jahre alt. Da existierte jede Welt für sich und funktionierte auch anders und er fuhr meist mit der Straßenbahn oder mit dem Omnibus oder manchmal auch mit der Eisenbahn von einer Welt in die nächste. Er lebte in jeder Welt anders, denn er hatte bereits gelernt: „Ein guter Junge hat artig zu sein, nicht aufzufallen, hört auf die Erwachsenen." Es gab seine Familienwelt wohl schon am längsten und er wusste, was dort geschah, durfte nicht in die anderen Welten weitergetragen werden. Die Familienwelt war die *heile* Welt, die musste geschützt werden vor den bösen Welten außerhalb, denn die waren alle viel, viel schlechter. Das hatte der kleine blonde Kerl auch schon selbst in der Schulwelt erfahren müssen, denn die wurde für ihn ab der dritten Klasse in der neuen Schule wirklich viel schlechter. In dieser Zeit gab es dann aber schon die ganz neue Orchesterwelt für ihn. Seine Musikschulwelt war bereits in der zweiten Klasse entstanden. Das erste Jahr wurde er dorthin immer von einer dicken

Nachbarstochter gebracht, die er nicht mochte und deshalb gerne ärgerte.

Es gab noch weitere Welten. Die schönste für ihn aber war seine Welt Brandenburg. Das traute sich der kleine blonde Kerl nur nicht zu sagen, dann hätte er seine Eltern traurig oder wütend gemacht. Denn bei ihnen war die erste Hauptperson dieser Welt Brandenburg geizig, weil sie ihm die Brote schmierte, belegte und zu Häppchen zurechtschnitt. Er fand das zwar total toll, mal so bedient zu werden und es schmeckte vor allem immer sehr lecker und frischer (aus dem Garten) als sonst. Die Hauptperson dieser Welt war Tante Else, so nannten sie seine Eltern, er sagte aber immer Oma zu ihr. Denn so sah sie auch aus, wie eine dicke gemütliche Oma aus einem Bilderbuch. Sie hatte meist ein ganz kleines rotes Kofferradio an, einen Pott Kaffee vor sich auf dem Tisch stehen und rauchte gerne und viel. Manchmal holte er ihr Zigaretten oder Selters aus dem Konsum. Er musste dann immer: „Für Frau Murkel." sagen und dann zauberte die Verkäuferin unter dem Ladentisch die Dinge hervor, die er für Oma holen sollte. Über Jahre, immer in den Sommerferien, war er meist drei oder vier Wochen zu Besuch in dieser Welt. Dort gab es eine noch vor dem Krieg erbaute Blockwohnung, die einen ganz eigenen Geruch hatte, man bemerkte ihn schon, wenn man zur Haustür hereinkam, denn die Omawohnung lag Parterre. Zu dieser Wohnung gehörte für Kleinfranz ein riesengroßer Hof, mit einer Scheune in der Mitte. Er hatte in der Wohnung im zweiten Stock einen Jungen zum Freund, der war aber auch in manchen Jahren im Schwimmübungslager. Dann hatte er noch den Spielkameraden im Block gegenüber. Mit diesen Freunden konnte der kleine blonde Kerl in den Sommerferien auch ein ganz normaler kleiner blonder Kerl sein. Er durfte Dinge tun, die zu Hause nie erlaubt gewesen wären. Im warmen Sommerregen herumtollen zum Beispiel oder sich mal richtig dreckig spielen, auf der nahen Müllhalde vielleicht. Oder am schlammigen, im Sommer immer faulig stinkenden Weiher voll Entengrütze, mit den weit ausladenden, schattigen und krüppeligen Trauerweiden drumherum, auf die man so wunderbar klettern konnte. Man musste nur aufpassen, dass man von ihnen nicht runter ins Wasser fiel. Er konnte es sich sogar erlauben, hin und wieder mal verbotene Dinge mit seinen Freunden zu machen. Einmal hatte er in einem Sommer von seiner Oma heimlich Streichhölzer genommen und sie hatten damit zu dritt auf der Müllhalde gekokelt und waren erwischt worden. Obwohl er seine Oma danach auch noch beschwindelt hatte und sie ihn anschließend sehr ausschimpfte, durfte er sich schon den nächsten Tag, wie jeden anderen Tag auch, auf ihren Schoß setzen und sie war ihm wieder gut.

Die zweite Hauptperson in der Brandenburger Welt war Opa. In einem anderen Jahr hatte Franzl sich im Garten mit einem Mädchen eine rote Johannisbeer-Schlacht geliefert. Der Opa wurde schrecklich wütend, nachdem er die herumliegenden Beeren entdeckte, denn Obst war damals sehr schlecht zu bekommen. Der kleine blonde Kerl bekam Angst vor Opa und lief über die vielen Beete davon. Opa rannte hinter ihm her, aber nur bis zum Erdbeerbeet, dort blieb Opa mit seinem Fuß in einer Furche hängen und fiel der Länge nach in das Beet. Und Oma? Oma hatte alles beobachtet, saß vor ihrem kleinen roten Kofferradio mit ihrem Pott Kaffee und einer qualmenden Zigarette in der Hand in der Sommerlaube und lachte sich krumm und scheckig. Der kleine blonde Kerl war stehengeblieben und begriff plötzlich nichts mehr, denn der erdbestaubte Opa hatte sich inzwischen aufgerappelt und musste voll mitlachen. Und wenn Opa mit seinen kurzen, schneeweißen Haaren lachte, ging der Mund von einem Ohr zum anderen. Aber das ganz Tolle an dem lachenden Opa war jetzt, dass er ihm auf einmal nicht mehr böse sein konnte, trotz der vielen verlorenen Johannisbeeren. So etwas gab es zu Hause in seiner Familienwelt nie. Da hätte so ein Vorfall mindestens eine Woche Schweigen seiner Mutter bedeutet.

Sein Opa konnte auch mit den Ohren wackeln. Manchmal passierte das sogar beim Essen und sah total lustig aus, der kleine blonde Kerl musste dann lachen und es schmeckte gleich *noch* besser.

Ein großer Teil seiner Brandenburger Welt spielte sich im Garten der Großeltern ab. Der war voller Gemüse, Blumen, Gartenzwergen und vielen Obstbäumen, mit einer offenen Sommerlaube und noch einer richtigen Gartenlaube mit Schuppen und „Windeltopf-Toilette", einer Handpumpe mit einem tiefem Wasserbassin und einem kleinen Sandhaufen zum Spielen. Oft wurde gleich in der Gartenlaube übernachtet. Der Schuppen war bis unters Dach randvoll mit interessanten Dingen zugestopft, denn Opa konnte sehr schlecht etwas wegwerfen und beim Kramen hatte der kleine blonde Kerl einmal ganz altes Kinderspielzeug von vor dem Krieg entdeckt und durfte es dann auch benutzen. „Damit hat dein Vater schon gespielt," hatte Opa ihm erzählt. Dass sein Vater nun einmal selbst Kind gewesen ein sollte, war neu für den kleinen blonden Kerl. Denn seine Eltern erzählten ihm nie aus ihrer Kindheit. Kleinfranz hatte im Schuppen eine Blechseilbahn gefunden und eine kleine Modellkanone aus Eisen, damit konnte man richtig auf ein Ziel schießen. Seine Plastikindianer hatte er jedes Jahr mit im Reisegepäck und so konnte der kleine blonde Kerl stundenlang Indianer-Burgen bauen oder im dichten Gebüsch Dschungelüberfälle planen. Er durfte, anders als zuhause, fast alles, was er zum Spielen an Ziegeln, Holz und anderen Materialien brauchte und fand verwenden. Wenn es aber heiß war und die Sommer waren damals noch richtig heiß und trocken, war er meist mit den anderen Kindern aus der Gartenkolonie oder auch seinen beiden Freunden an oder in der Plane, einem kleinen flachen Flüsschen gleich vor den Gärten. Das Wasser ging ihnen nur bis zur Brust und so brauchte auch keiner der Erwachsenen auf die Kinder aufpassen und er wurde nur zum Essen gerufen oder abends, wenn er Opa beim Beete gießen helfen sollte. Er bediente dann die Handpumpe. Das war nicht leicht, machte aber Spaß und es war immer ein kleiner Wettkampf zwischen ihm und seinem Opa. Hatte er die Kannen eher voll oder war Opa schneller mit Gießen? Etwas Schöneres gab es für Kleinfranz und die Kinder der Gartenkolonie nicht, Sonne, Wasser, alte aufgeblasene LKW–Schläuche, Taucherbrillen, Flusskrebse und kleine Fischschwärme. Fast jedes Jahr veranstalteten Opa und Oma im Garten ein Lampionfest mit Gartennachbarn bis spät in die Nacht hinein und Franz durfte bis zum Schluss immer mit aufbleiben. Alles in allem war der kleine blonde Kerl hier sehr glücklich. Immer wenn er im Sommer vier Stunden mit der Eisenbahn allein nach Brandenburg unterwegs war, fuhr er in eine leider viel zu seltene Freiheit. Später, als Erwachsener hat er diese Brandenburger Welt aus seinen Kindertagen nie vergessen können und er hat sie oft vermisst. Sie wird ihm immer eine der schönsten Welten in seinem Leben bleiben. Er wird sie später mit fünfzig Jahren noch einmal mit seinem eigenen Sohn und einem guten Freund mit Hund auf einem gemietetem Motorfloß zehn Tage lang besuchen. Leider wird er nur noch Bruchstücke von dieser Welt wiederfinden, denn sowohl Franz wie auch Brandenburg hatten sich natürlich inzwischen sehr verändert. Aber trotzdem sollte auch dieser Urlaub einer seiner schönsten in seinem Leben werden.

Bewertet, genormt,
beschriftet, eingeordnet:
Oberes, mittleres, unteres Regal.
Vergessen, verstaubt,
aussortiert, entsorgt.
Mensch ?
Leise erklingen Töne,
Melodien formen sich....
Aus der Reihe tanzen.
Freude, Atmen, Lachen
– ein Hauch von Freiheit.

Orchesterwelt

Außer der Welt der Familie, der in Brandenburg und denen in den Schulen, gab es noch eine Orchester- und Musikschulwelt, in der Franz, der kleine blonde Kerl verhältnismäßig viel Zeit verbrachte.

Die Welt des Orchesters war für ihn sehr wichtig. Hier hatte er vom ersten Tag an seinen festen Platz und was noch entscheidender für ihn war: Hier war er anerkannt, gehörte dazu; zwar auch in gewisser Weise wieder als Außenseiter, doch er konnte mit den anderen Mitgliedern zusammen Erfolge feiern. Da das Kinder- und Jugendblasorchester einen verhältnismäßig hohen Standard und dadurch einen guten Ruf besaß, gab es viele Auftritte, auch außerhalb seiner Heimatstadt. Franz konnte dadurch oft mit auf Reisen gehen, in verschiedene Städte, in Übungslager und zu Großveranstaltungen der damaligen DDR. Einmal durfte er sogar für drei Wochen innerhalb einer Auswahl aus mehreren Blasorchestern mit in die UdSSR reisen, eine besondere Auszeichnung damals. Er war deshalb viel an Wochenenden und in den Ferien unterwegs, kam herum. Selbst heute denkt Franz noch gern an diese Zeit. Sie hat sein Leben mitgeprägt. Sie wurde zu einer seiner wenigen positiven und längsten Gruppenerfahrung in seiner Kindheit.

Dieses Orchester hatte etwas über 40 Mitglieder im Schulalter, auch ein paar Jugendliche, die schon eine Lehre begonnen hatten. Es gab auch drei bis vier Mädchen, die im Orchester mitspielten. Die

Mädchen besaßen eine Art „Sonderstatus" und waren „unantastbar" für die Jungen.

Musik war für den kleinen blonden Kerl in dieser Konstellation etwas, was ihm viel Freude und Spaß brachte. Seine Fähigkeiten in Bezug auf das Klarinette-spielen waren in diesem Rahmen auch völlig ausreichend.

Aber das Zusammensein im Orchester wurde auch in einer ganz anderen Richtung für Franz prägend. Unter den knapp 40 Jungen verschiedenen Alters waren sexuelle Kontakte durchaus üblich, es gab nur einige wenige Unbeteiligte. Dies war für alle Jungen ein offenes Geheimnis, auch die zum Teil verhältnismäßig großen Altersunterschiede zwischen ihnen. Es gab sogar manchmal, wenn auch selten, Übergriffe unter Zwang. Inwiefern die „Betreuer" davon wussten und es duldeten, ist heute nicht mehr zu klären.

Franz, der im Alter von etwa sieben Jahren Mitglied des Orchesters geworden war, kann sich nicht mehr daran erinnern, in welchem Alter und in welcher Form diese Kontakte für *ihn* begannen. Aber sie bekamen für Franz eine ganz andere Bedeutung, als für die meisten Jungen. Da er „normalen" Körperkontakt fast nie erfahren hatte, wurden diese sexuellen Formen für ihn immer mehr zu *seiner „normalen"* Form desselben. Er hatte es nie gelernt, die Unterschiede in seiner Gefühlswelt zu sortieren, hatte aber sehr bald erkannt, dass alles, was unter die Rubriken Nacktheit, Doktorspiele oder natürliches Interesse für seinen oder andere

Körper fiel, zu den „verbotenen" Dingen gehörte und auch zu den Dingen, für die man sich schämen musste. Seine dabei als positiv erlebten Körpergefühle wurden so für ihn zu Gefühlen, die er verbergen musste. Die sonst noch existierenden „negativen" Körperempfindungen gehörten in seine Kategorien Krankheit oder Bestrafung. Franz hatte, soweit er zurück denken kann, nie eine besonders gute Beziehung zu seiner Körperlichkeit entwickelt. Schon zu oft hatte sein Körper in Situationen „versagt" oder ihn „verraten", durch Tränen, migräneartige Kopfschmerzen, Schwäche und vieles mehr. Sport war inzwischen zu seinem „Angst--fach" geworden. Spätestens in dieser Zeit wurde sein eigener Körper für Franz zum „Feind", zum „Fremden", der Dinge mit ihm tat, die schlecht für ihn waren, nicht sein durften und auf den er sich letztlich nie verlassen konnte, der ihn *immer wieder* verriet. Obwohl seine sexuellen „positiven" Körperempfindungen ja „schlechte, verbotene" Empfindungen für ihn waren, sehnte sich Franz schmerzlich nach dieser körperlichen Nähe. Da dieses emotionale Loch in ihm „bodenlos" war, wurden die sexuellen Handlungen an sich selbst und die Kontakte zu anderen Kindern immer mehr zu einer Art notwendigen Parallelwelt, zur Grundlage für seine beginnende, spätere Sexsucht.

Während Franz dann zu Beginn der Pubertät unbewusst seine Neigung zu jüngeren Kindern spürte und zu dieser Zeit auch schon, wenn sich die Gelegenheit dazu ergab, auslebte, zog er sich noch mehr in seine inneren Welten zurück. Nicht sexuell geprägte Körperkontakte wurden für ihn inzwischen zu sehr unangenehmen oder sogar körperlichen Schmerz auslösenden Erfahrungen. Er empfand seine eigenen entstehenden sexuellen Sekundärmerkmale, genau wie die anderer Menschen, als abstoßend und fremd. Franz erkannte jetzt noch deutlicher, dass er zum Alien geworden war. Er verwandelte sich vor sich selber langsam zu einem Monster. Denn auch seine Rachegefühle, seine Wut, seine Allmachtsgefühle (kompensierte Ohnmachtsgefühle) fanden mehr und mehr Platz in seinen sexuellen Phantasien.

Es würden später, noch in seiner Ehe und auch danach, Körperempfindungen bleiben, die er nur teilweise ablegen oder abschwächen würde können. Wenn ihm heute jemand ins Gesicht griff, reagierte er meist mit Panikattacken. Ungewollte und plötzliche Körperkontakte lösten in ihm auch gegenwärtig noch manchmal Schmerzen aus.

Noch eine Erfahrung für Franz ist wichtig und stammt aus dieser Schulzeit: Ab der siebten Klasse wurde er wieder „zurückgeschult", von der sogenannten „Russisch-Schule" mit erweitertem Unterricht in eine „Normal-Schule". Es gab Mädchen in der Klasse, die sich für Franz interessierten (dieses Interesse der Mädchen blieb aber einseitig). Auch in dieser Zeit hatte er seine Freude am Lernen nicht verloren. Da dieses Verhalten nicht den Absprachen unter den anderen männlichen Mitschülern der Klasse entsprach, wurde er von diesen zunehmend abgelehnt und angegriffen. Von diesen Absprachen wusste Franz allerdings damals gar nichts. Das Ganze mündete dann in eine ziemlich hasserfüllte Klassenkeile, die für ihn nicht so sehr körperliche Folgen hatte, durch die er aber um so mehr in eine noch größere Abseitsstellung geriet. Zur damaligen Zeit konnte Franz diese Ereignisse auch absolut nicht in sein „Weltbild" einordnen, und die Reaktionen der Lehrer und seiner Eltern verstärkten seine Unsicherheiten und Ängste noch.

Es herrschte in seiner Pubertätszeit ein unwahrscheinliches emotionales und auch geistiges Chaos in ihm. Er besaß nicht die Fähigkeit, sich anderen anzuvertrauen. Erfahrungen in dieser Hinsicht fehlten ihm völlig. Das würde auch noch lange so bleiben, bis zu seiner ersten stationären Therapie im Alter von 25 Jahren. Denn mit 15 Jahren machte Franz seine ersten Erfahrungen mit „Bruder Alkohol". Aber das gehört dann schon mehr zu Alwins Geschichte.

Ausreißer

Wenn er heute über die lange zurückliegenden Erlebnisse schreibt, fragt er sich natürlich oft, inwiefern seine gegenwärtigen Gefühle, Denk- und Sichtweisen als „Erwachsener" denen des damaligen Kindes überhaupt noch entsprechen können. Die einzige Möglichkeit, ihnen wirklich nahe zu kommen, sieht er darin, sich weitgehendst vorurteilsfrei auf seine „Erinnerungen" einzulassen.

Was er auch heute noch oft spüren kann, ist seine große Verlorenheit und Einsamkeit, die (Sehn-)sucht nach Liebe, emotionaler und körperlicher Nähe, bedingungsloser Annahme und das immer noch teilweise Nicht-verstehen-können der Welt um ihn herum. An diesen (Sehn-)süchten hat sich nicht viel verändert. Er kann aber inzwischen akzeptieren, dass ihm andere Menschen diese Löcher nicht füllen können. Sie haben genug mit ihren eigenen Defiziten, Sorgen und Süchten zu tun, denn diese gehören zum „Menschsein". Aber die Beziehung zu seiner Umwelt und zu sich selbst hat sich durch das heutige mehr oder weniger Verstehen-Können der *Zusammenhänge* geändert. Auch seine Erwartungen und „Ansprüche" sind wesentlich realistischer geworden. Entgegen der früheren Fremdheit und des Unverständnisses seiner eigenen Handlungsweise gegenüber, hat er jetzt endlich verinnerlicht, dass viele Dinge der Vergangenheit so laufen mussten oder dass es letztlich gut war, dass sie so gelaufen sind. „Dir werden alle Dinge zum Guten dienen," ist eine Zusage der Bibel, an der er sich inzwischen ganz fest hält. Einen Halt, der dem kleinen Franzl von damals noch völlig unbekannt war.

Der kleine blonde Kerl ist fortgelaufen, von zu Hause, vor der Schule, vor seinem Leben. Was der letztendliche Auslöser dafür war, kann er gar nicht mehr sagen. Auf dem Zettel, den er auf dem Tisch zurückließ stand: „Es gefällt mir nicht mehr bei euch." Er konnte diese Welt nicht verstehen, weil er sich selbst nicht verstand. Er meinte, dass *ihn* auch niemand anderes verstehen *könne*, zumindest gab sich niemand Mühe, ihm zu erklären, warum alles so war, wie es war.

Das tief in ihm verankerte Gefühl, nicht so zu sein, wie er hätte eigentlich sein müssen, nicht in Ordnung, falsch, nicht liebenswert genug, um einmal in den Arm genommen zu werden, wie andere Kinder auch, trieb ihn von „zu Hause" fort. Die später immer wiederkehrenden Fluchtversuche vor für ihn nicht mehr zu ertragenden Situationen würden sich noch lange, wie ein weiterer dicker roter Faden, durch sein vor ihm liegendes Leben ziehen, bis er irgendwann begreifen würde, er nahm sich ja immer selbst mit.

Das ihm damals sicher noch nicht so bewusste Ziel des Auswanderungsversuches des etwa zehnjährigen kleinen blonden Kerls war, auf eine Person zu treffen, bei der er das Gefühl der bedingungslosen Liebe zu ihm zu finden hoffte. Er kannte zu dieser Zeit nur zwei Personen, bei denen er auch damit rechnen konnte, dieses Ziel vielleicht zu finden. Das waren seine zwei Omas, die „Echte" im Erzgebirge und die „unechte", nicht leibliche Oma, Tante Else, in Brandenburg. Da er bei Tante Else immer sehr gern und oft in den Ferien war, hatte er zuerst daran gedacht, dorthin auszuwandern. Aber er wusste von Geographie schon genug, um zu wissen, dass der Weg nach Brandenburg mindestens doppelt so lang war wie der ins Erzgebirge. Da er vorhatte, den ganzen Weg zu „erwandern", hatte er beschlossen, den halb solangen auszuwählen. Kleinfranz hatte schon am Vorabend sein Vorhaben beschlossen, und so erzählte er seinem kleinen Bruder, er würde nach Brandenburg gehen, um die Eltern zu täuschen.

Am nächsten Morgen verließen seine Mutter und sein Vater wie immer früh die Wohnung und bald auch sein Bruder. Kleinfranz weiß es bis heute nicht, ob seine Eltern etwas ahnten oder sein Bruder ihnen etwas gesagt hatte. Jedenfalls war sein eigener Rucksack nicht auffindbar und so suchte er sich einen ganz alten, noch im Keller liegenden heraus. Er befüllte ihn mit Sachen zum Wechseln, Ersatzschuhen, einer Decke und ein paar Lebensmitteln. Geld hatte er etwas gespart und sich zusätzlich zwanzig Mark aus der Einkaufskasse der Eltern genommen. Dann lief er los. Die ungefähre Richtung kannte er, immer in Richtung Westen. Da ihn unterwegs ein LKW mitnahm, schaffte er es am Vormittag schon bis in einen etwa zwanzig Kilometer entfernten Ort. Dort aß er gegen Mittag eine Bockwurst in einer Gaststätte und erregte wohl schon etwas Misstrauen, denn er wurde nach seinem Namen befragt, nannte aber einen falschen. Er zog er weiter in Richtung Westen, wusste aber irgendwann doch nicht mehr, wo genau er sich befand, da er einer ihm unbekannten Straße gefolgt war. Er lief aber trotzdem weiter. Da es schon Anfang November sein musste, wurde es beizeiten dunkel. Der kleine blonde Kerl wickelte sich in seine Decke und legte sich hinter einen Busch in den Straßengraben, um zu schlafen. Er erwachte nach kurzer Zeit wieder, da diese Straße ziemlich häufig befahren wurde. Es schneite inzwischen. Es war der erste Schnee in diesem beginnenden Winter. Kleinfranz fror ganz erbärmlich. Er sah die sich von Grau zu Schwarz verändernde Landschaft, die Schatten der bewaldeten Hügel um ihn herum. Der Schnee begann langsam alles zu bedecken. Die Stille und fortschreitende Dunkelheit erinnerte Kleinfranz an die tote, geheimnisvoll Angst-machende Atmosphäre auf einem alten Friedhof. Diese Eindrücke entsprachen seinem eigenen inneren Zustand, sein Mut verließ ihn endgültig. Er hatte keine Kraft mehr, weiterzukämpfen. Er gab auf: Sein Ziel und auch seine innere Rebellion. So packte er seine sieben Sachen zusammen und lief in den letzten Ort zurück. Er kam irgendwann in der Wartehalle im Bahnhof dieses Ortes an. Ein Mann fragte ihn wenig später, wo er denn hinwolle und kaufte ihm eine Fahrkarte in die Heimatstadt. Dann fuhr der kleine blonde Kerl spät am Abend zurück. Im verhältnismäßig großen Heimatbahnhof fischte ihn sein Vater, der dort schon nach ihm suchte, aus der Menge, nahm ihm wortlos den alten Rucksack ab und brachte ihn in einem Taxi zurück in die elterliche Wohnung. Dort angekommen, lag seine Mutter bereits im Bett, er sah sie an diesem Abend nicht mehr. Stattdessen hatte sein Vater auf Grund der Aussage des Bruders von Kleinfranz am späten Nachmittag nach der Arbeit ein Telegramm nach Brandenburg geschickt mit der Anfrage, ob Franz dort aufgetaucht sei. Privattelefon besaß damals noch keiner, und so hatte Tante Else sich mit ihrem Sohn ins Auto gesetzt und war die lange Strecke zu seinen Eltern gefahren. Diese „falsche Oma", Tante Else, war es nun auch, die Franz nun begrüßte und umarmte. Anschließend durfte er noch eine Weile auf ihrem Schoß sitzen, bis er ins Bett geschickt wurde. Die Brandenburger fuhren wieder zurück.

Den ganzen nächsten Tag blieb der kleine blonde Kerl mit Muskelkater zu Hause. Seine Mutter ignorierte ihn noch ein paar Tage lang, wie sie es immer tat, wenn *er „sie verraten"* hatte. Franz erlebte nun einmal mehr das Gefühl, keine Fluchtmöglichkeiten mehr zu haben, oder dass diese zumindest in einer Totalniederlage für ihn endeten. Er *konnte* nur in sich selbst hinein fliehen.

Über dieses Erlebnis haben seine Eltern mit ihm bis heute nicht geredet. Was nicht sein durfte, gab und gibt es für sie auch nicht.

Die Gaststätte, in der Kleinfranz damals seine

Bockwurst gegessen hatte, existiert bis heute und zufälligerweise wohnt sein Bruder jetzt in dieser Gegend. Wenn Großfranz heutzutage wieder einmal seinen Bruder besucht, muss er an dieser Gaststätte vorbei, seine alten Erinnerungen und Gefühle werden wieder lebendig. Inzwischen tut es jedes Mal ein bisschen weniger weh. Auch das alte Bild der schwarzen Friedhofs-Landschaft sieht er dann noch manchmal vor sich und kann es mit seiner heutigen Wahrnehmung vergleichen. Diese tolle Wald- und Hügellandschaft, die sich in all den Jahren nicht so sehr viel verändert hat, löst jetzt tiefen Frieden in ihm aus. Kein Friedhofs-Gefühl, im Gegenteil, er spürt ganz deutlich Lebendigkeit in sich. Er weiß, dass er auch diese Episode seiner Vergangenheit in nicht allzu ferner Zukunft in das Regal seiner Lebensgeschichtsbücher dankbar einordnen wird. Dann will und wird er allein oder mit seinem Bruder und seiner Schwägerin noch einmal diese Gaststätte besuchen, um vielleicht eine Bockwurst zu essen.

PS: Inzwischen hat Franz dies während seines letzten Besuchs bei seinem Bruder mit seiner Schwägerin zusammen auch getan.

Leere.

Leere in vertrauten Räumen.

Kein Platz für ihn
in den Erwachs'nenträumen.

Flucht in die Weite
– Angst an der Seite.

Sein Hilferuf wird nicht gehört.

Schweigen –

und dunkle Schatten lagern hinter
Bäumen.

Klassentreffen

Es ist schon 40 Jahre her, seit der heute erwachsene kleine blonde Kerl die Schulbildung nach 10 Jahren abgeschlossen hat. Alle 5 Jahre trifft sich *diese* Schulklasse in seiner Heimatstadt an gut gewählten Orten und in „besonderen" Gaststätten, meist in der Altstadt gelegen.

Der heutige Zustand und Anblick der meisten uralten Häuser ist gar nicht zu vergleichen mit dem eintönigen Grau und dem Geruch der verfallenen Mauern aus DDR-Zeiten. Dennoch hat man es selbst nach 25 Jahren „Einheit" nicht geschafft, alle stinkenden Müllecken und Halbruinen zu beseitigen. Auch heute verfallen immer noch einige damals halbwegs „intakte" und genutzte Gebäude.

Hier hat er als Kind viel Zeit verbracht: 4 Jahre seiner Schulzeit, parallel 10 Jahre seiner Orchester- und Musikschulzeit und auch die ersten Jahre seiner Trinkerzeit gehören dazu. Die Kneipen gibt es fast alle noch, es sind sogar viele neue dazugekommen, auch viele Straßenkaffees haben neu eröffnet und laden zum Verweilen ein. Er nutzt sie heute sehr gern, wenn er allein durch diese mittelalterlichen Gassen streift und den Atem ihrer Geschichte in sich aufnimmt.

Diese Geschichte ist nun ein Teil seiner eigenen und er hat inzwischen auch *seinen kleinen Platz* in ihr gefunden. Heute kann er es im Gegensatz zu früher in Frieden aussprechen: Dies ist seine Heimatstadt. Sogar ein wenig Stolz meldet sich in ihm

dabei. Er empfindet inzwischen Hochachtung vor ihren Erbauern. Wie viel Zeit, Mühe, Kunstfertigkeit und Menschenleben hat es wohl gekostet, dies alles zu errichten?
Das war leider nicht immer so.
Am Nachmittag ist der Treff vor der ehemaligen Klosterschule geplant, inklusive Besichtigung.
Und nun steht Franz mit anderen vor *diesem* Schulgebäude. Die Maisonne wärmt schon und hilft ihm mit dabei, seine diffuse Unruhe auszuhalten. Die Angst von damals steckt noch heute tief in ihm und wird ihm wohl, wenn auch immer schwächer werdend, erhalten bleiben. Auch die Angst, alte Erlebnisse und Erinnerungen könnten in ihm bestimmte Gefühle und Reaktionen auslösen, er könnte die Kontrolle über seinen Körper verlieren. Wenn das in Anwesenheit anderer Menschen geschieht, ist es nach wie vor mit dem Gefühl verbunden, nicht mehr sein zu wollen, einer Art Todesgefühl und dem Empfinden, in seine damalige Machtlosigkeit „zurückzukippen". Vom Kopf her ist ihm längst klar: Es ist eine Art Angst vor der Angst und die wirkliche Wahrscheinlichkeit, dass ihm dies wieder passieren könnte ist heute äußerst gering. Aber der Weg vom Kopf bis ins Herz ist einer der längsten Wege, den es für ihn gibt. Er hat inzwischen schon hunderte Male die Erfahrung machen können, dass er in dieser Beziehung kein Kind mehr, dem Ganzen nicht mehr wehrlos ausgeliefert ist. Aber er setzt sich dieser Situation heute sogar teilweise bewusst aus. Er will

die alten bedrohlichen Bilder von dieser Schule endlich mit der heutigen Realität und Wahrnehmung überschreiben und korrigieren und so wenigstens teilweise bewältigen.

Dann gehen sie durch diese Schule, sie lassen sich zum Glück Zeit damit. Er erkennt teilweise Fachunterrichtsräume wieder, alte Gegenstände, die auch nach 40 Jahren noch in Gebrauch sind: Im Chemielabor das an der Wand aufgehängte Periodensystem und die Bunsenbrenner oder die uralten riesigen verschiebbaren Landkarten des Erdkundeunterrichts. Was ihn kurzzeitig ein wenig irritiert, sind die vielen Kameras zur Überwachung der Flure, die heutzutage alle mit Sicherheitsglastüren verschlossen werden können. Also auch heute ist *immer noch* oder *schon wieder* viel versteckte Angst in diesen „heiligen Hallen" zu finden. Aber worauf er jetzt viel mehr seine Aufmerksamkeit richtet, sind die heutigen Größenverhältnisse und der Ausblick aus den großen gotischen Fenstern dieser Schulräume. Er setzt sich in eine Ecke eines Raumes auf einen der viel zu kleinen Stühle an den viel zu kleinen Tischen und stellt sich vor, dass die anderen Plätze von heutigen Schulkindern besetzt sind und vorn vor der Tafel steht wieder die damalige Lehrerin, die ihn, aus welchen Gründen auch immer, fast regelmäßig erniedrigte. Aber sie steht *jetzt* dort in ihrer gegenwärtigen Gestalt, als altes verschrumpeltes Mütterchen. Und in dem Maß, in dem die Dimensionen des Klassenzimmers vor seinen Augen zu schrumpfen beginnen, schrumpft auch ihre einstige Bedrohlichkeit für ihn.

Zum Schluss besuchen sie noch die Aula der alten Klosterschule und die Sporthalle. Das hatte er sich besonders erhofft.

Das Erste, was er und auch andere beim Betreten der „Sporthalle" wahrnehmen, ist der unveränderte Schweißgeruch, der ihr wahrscheinlich ewig anhaften wird. Was Franz plötzlich ganz deutlich spürt, ist die fast andächtige Stille, mit der alle Besucher die Halle betreten. Soviel hat sich gar nicht verändert, es ist nur wieder alles kleiner. Doch dann beginnen fast alle ehemaligen Schüler, ihre Erinnerungen an den Sportunterricht sehr lautstark auszutauschen. Er steht etwas abseits, allein und sucht nach seinen Empfindungen und Gedanken. Erst diese Stille beim Betreten der Halle und dann ergießen sich ganze Wasserfälle von Gefühlen aus den meisten der ehemaligen Mitschüler. Er begreift, dass er nicht der Einzige war, dem diese Schule und besonders auch der Sportunterricht zu schaffen machte, er war schon damals gar nicht so allein damit, einen Teil seiner Einsamkeit hatte er sich schon selbst erschaffen.

Auch später an diesem Abend in der Gaststätte hört er mehr zu, als dass er spricht. Er war nur vier Jahre seiner Schulzeit in *dieser* Klasse, an *dieser* Schule. Er hofft auch diesmal positive Erlebnisse wiederzufinden. Denn diese Schulzeit war in seiner Erinnerung früher nur negativ gefärbt. Er hofft, dass ihm seine ehemaligen Mitschüler etwas aus dieser gemeinsamen Schulzeit erzählen und in ihm nur „verschüttete" positive Dinge wieder lebendig werden.

Und wie bei jedem vorherigen Klassentreffen geschieht es auch diesmal wieder. Plötzlich wird er von einem ehemaligen Schüler aus einer Parallelklasse, die zum ersten Mal mit ihnen zusammen feiert, angesprochen. Er weiß bis heute nicht, wer dieser Schüler war. An die Parallelklasse hat er überhaupt keine Erinnerungen mehr, und er traut sich auch nicht, ihn nach seinem Namen zu fragen. Dieser Mann erzählt ihm gemeinsame Begebenheiten aus dem Sportunterricht. Offensichtlich hatte es Jahre gegeben, in der die Jungen ihrer beider Klassen den Sportunterricht zusammen meistern mussten. Genau *das* ist es, was Franz diese Schuljahre heute in einem anderen Licht sehen lässt.

Zum Abschluss des Treffens, als alle bereits bezahlt haben, spricht ihn eine ehemalige Mitschülerin noch an: „Wir haben zwar heute nicht miteinander geredet, aber du strahlst eine Ruhe und einen Frieden aus, den ich bewundere." Franz freut und bedankt sich bei ihr für dieses Kompliment. Er wurde damals und wird heute in seiner Art wahrgenommen. Nur heute bemerkt er es selbst auch.

Die regelmäßigen Klassentreffen sind für ihn nicht nur wichtig, weil er interessante Lebensgeschichten und -entwicklungen kennenlernen kann, sie helfen ihm, die Zusammenhänge seiner eigenen Vergangenheit zu begreifen. Deshalb wird er weiter jedes Mal, wenn es ihm möglich sein wird, wieder daran teilnehmen. Und sie sind *eine* Chance für ihn, schöne Spiegelsplitter neu zu entdecken oder alte von ihnen neu in seinen Spiegel einbauen zu können.

4. *Alwin, der Alkoholiker*

Trocken

Alwin hat bald wieder Geburtstag. Nicht seinen physischen, sondern der Tag, an dem er damals aufgehört hatte zu trinken, jährt sich wieder einmal. Nach 31 Jahren Trockenheit kann er es sich wohl manchmal erlauben zu Hause, in seinem stillen Kämmerlein, sich selbst auf die Schulter zu klopfen. Nicht, weil er es 31 Jahre lang aus *eigener* Kraft immer wieder geschafft hat, das erste Glas stehen zu lassen, sondern sein Verdienst war lediglich, dass er sich doch immer wieder überwinden konnte, nach Hilfe zu suchen und sich dann auch helfen zu lassen. Alwin hat Glück gehabt, viel Glück; das sieht er an den vielen Männern und Frauen, denen er in dieser Zeit begegnet ist und die dann auf der Alkoholiker-Straße liegengeblieben sind. Manchmal melden sich seine alten Erinnerungen aus seiner Trinker-Zeit zurück, die alten Filmfetzen ziehen an ihm vorüber und die furchtbaren Gefühle von damals tauchen wieder auf. Er sieht die Schäden an anderen Menschen und an sich, für die *er allein* verantwortlich ist. Nein, das ganze Elend hat er nie vergessen! Manchmal denkt Alwin, vielleicht ist auch das ein wichtiger Aspekt, der ihm dabei geholfen hat, nie wieder mit dem Trinken anzufangen: Das ganze Elend von damals, der Selbsthass, die Scham, die Ohnmacht nach vielen vergeblichen Versuchen, seinen Alkoholkonsum irgendwie noch steuern zu können. Er durfte es vor 31 Jahren endlich erkennen und er weiß auch heute eines ganz sicher: Dorthin will er nie wieder zurück.

Den ersten Kontakt mit Alkohol hatte Alwin mit 14 Jahren zu seiner Jugendweihfeier in der damaligen DDR. Sie endete mit einem Filmriss für ihn, sein Vater hatte Alwins Sprechversuche im volltrunkenen Zustand auf Tonband mitgeschnitten. Von Anfang an war es für Alwin unmöglich, den falschen „Bruder Alkohol" irgendwie zu kontrollieren. *Wenn* er trank, dann „richtig". Die einzigen Vorteile, die das Trinken ihm am Anfang brachte: Er machte die Erfahrung, dass er plötzlich über seine Probleme sprechen konnte. Alwin fand endlich ein paar Kumpels, die ihn seine innere Einsamkeit und Zerrissenheit für ein paar Stunden seines Lebens vergessen ließen, jedenfalls solange sein Geld reichte.

Zum Ende der Lehrzeit zum Elektronikfacharbeiter besoff Alwin sich schon jede Woche mehrmals, er hatte das unbestimmte Gefühl, sein Leben nicht in den Griff zu bekommen. Sein Trinken fing an aufzufallen. Alwin versuchte, wie so oft, vor seinen Problemen davonzulaufen und verpflichtete sich für drei Jahre als Unteroffizier auf Zeit, als Flugzeugmechaniker. Als er von der „Nationalen Volksarmee" wiederkam, trank er fast nur noch exzessiv und fast jeden Tag. Er war zum abhängigen Alkoholiker geworden und hatte auf Druck von Vorgesetzten auch erste Arztkontakte in Bezug auf sein Alkoholproblem. Alwin floh wieder einmal und ging auf Montage als Elektromonteur und er zog in ein Wohnheim. Die ersten zwei Arbeitstage erschien er dann gegen Mittag auf der Arbeitsstelle. Vor seiner Kündigung nach einem dreiviertel Jahr hatte er schon Totaleinbrüche und Filmrisse von mehreren Tagen, an denen er nur noch saufen konnte und musste. Alwin riss wieder und wieder aus, von einem Ort zu einem anderen und von einer Arbeitsstelle zur nächsten. Aber er nahm sich selbst ja mit, und so geschah immer das gleiche. Manchmal dauerte es mehrere Monate, manchmal nur wenige Wochen bis zur Entlassung, er erlebte erste Zeiten der Arbeitslosigkeit, die es damals offiziell in der DDR gar nicht gab. Kurzum, der falsche „Bruder Alkohol" hatte ihn ganz und gar in seiner Gewalt. Er bekam inzwischen alkoholbedingte epileptische Anfälle. Es kam der Zeitpunkt, da begannen sich in Alwins Kopf die Dinge zu verschieben. Er musste sich eingestehen, dass er anfing, die Realität und seine inneren Welten und Träume durcheinander zu bringen, sie teilweise nicht mehr an ihren richtigen Platz rücken zu können. An diesem Tiefpunkt und aus Angst, im Alter von 25 Jahren wahnsinnig zu werden, zerbrach das erste Mal sein innerer Stolz, den er trotz allem immer noch ganz tief vergraben irgendwo in sich trug. Diese Tatsache wurde zur ersten bewussten und bedingungslosen Kapitulation in seinem Leben. Nur so konnte das Wunder seiner inneren Wende und Heilung beginnen.

Alwin stand erneut kurz vor dem Rausschmiss aus einer Elektronikfirma. Das innere Eingeständnis seiner Ohnmacht dem Alkohol gegenüber führte ihn zur Betriebsärztin, gab ihm den Mut, sie um Hilfe zu bitten. Er bekam diese Hilfe und für die damaligen Verhältnisse sehr schnell. Es gibt in Alwins Bewusstsein ein paar Sprüche, die sich in positiver Weise tief eingebrannt haben und die zu Grundwahrheiten in seinem Leben wurden. Die erste Antwort dieser Ärztin auf seine Bitte um Hilfe gehört mit dazu: „Es ist keine Schande Alkoholiker zu sein, aber es ist eine Schande, nichts dagegen zu tun." Er würde später noch lernen, dass er das Wort: „Alkoholiker" in diesem Spruch durch beliebig viele andere Wörter ersetzen konnte. Ab da ging es für Alwin Stück für Stück und Schritt für Schritt aufwärts. Er behielt seine Arbeitsstelle, bekam nach eineinhalb Monaten einen Platz in einer Klinik und begann eine Alkoholentwöhnungskur, wie man das damals nannte. Nach der zwölfwöchigen Gruppentherapie bot ihm die Klinik noch einen Platz als Nachtpatient an, da er zu dieser Zeit wieder in einem Wohnheim wohnte. Er war dort noch circa ein halbes Jahr, ging wieder arbeiten und baute sich nach Feierabend eine Altbauwohnung aus, die er über seinen Betrieb erhalten hatte. Noch während der Zeit der Gruppentherapie konnte Alwin über einen Mitpatienten Kontakte zu einer Blaukreuzgruppe knüpfen. Er bekommt noch heute tränende Augen, wenn er sich an seinen dritten Besuch dort zurückerinnert. Ein ihm bis dahin völlig unbekannter Mann sprach ihn in der Raucherecke einfach an und sagte: „Du bist aber heute auch schon das dritte Mal hier." Alwin konnte es damals gar nicht fassen, nach den Jahren, in denen er seiner Umgebung nur Last war, wurde er von einem Menschen in positiver Weise wahrgenommen. Als er nach ein paar Wochen immer noch trocken blieb, bat man ihn sogar schon, zu den ersten Hausbesuchen bei anderen Alkoholikern mitzugehen. Alwin nutzte dann ab dieser Zeit jede Gelegenheit, die inneren und äußeren Mauern seiner Einsamkeit zu durchbrechen.

Er lernte auch viele „lebendige" Christen kennen und begann über deren Glauben nachzudenken. Im neuen Testament der Bibel entdeckter er viele Wahrheiten, die seinen eigenen Erfahrungen und Erlebnissen entsprachen. So fand er langsam zu seinem eigenen Glauben an Gott. In einer kleinen Gemeinde begann er in einer Jugendgruppe mitzuarbeiten und auch an verschiedenen Orten Vorträge über Alkoholismus zu halten.

Es gäbe noch vieles aus dieser Zeit zu berichten. Für Alwin begann ein völlig anderer und sinnerfüllter Lebensabschnitt. Er durfte nach einem dreiviertel Jahr Trockenheit in der geschlossenen Psychiatrie seiner ehemaligen Therapieklinik arbeiten und schulte nebenbei zum Pflegehelfer um. Er lernte seine spätere Frau kennen, die er dann an seinem vierten Trockenheits-Geburtstag heiraten konnte. Ein für sein neues Leben wichtiger Punkt muss noch erwähnt werden: Alwin bekam irgendwann einen Flyer der AA (Anonymen Alkoholiker) in seine Hände. Obwohl er zu DDR-Zeiten nie Kontakt zu einer dieser Gruppen hatte, erkannte er die etwas anderen Ansätze des 12 Schritte-Programms als auch für ihn gültig an. Selbst wenn sie in den folgenden Jahren erst einmal in den Hintergrund traten: Auch sie halfen ihm über die vielen, noch vor ihm liegenden Schwierigkeiten der folgenden Jahre mit hinweg. Alwin staunt auch heute noch, nach 31 Jahren, über das Wunder, das er damals erleben durfte. Es macht ihn demütig und dankbar. Dankbar Gott und den vielen, vielen Menschen gegenüber, denen er begegnen durfte. Und besonders auch denen gegenüber, die ihm ihre Hände entgegenstreckten und ihm halfen, dem Sumpf seines alten Lebens zu entkommen.

Freund

Verstehst mich, munterst mich auf,
ein Lachen stets im Gepäck,
ein Spaß auf den Lippen,
für mich da –
jederzeit.

Mutig nun! Mutig und stark – zu stark.
Lustig nun! Lustig und laut – zu laut.

Verliere mich in dir –
habe verloren –
bin verloren.

Hinter fallender Maske dein grausames
Antlitz:

Feind!

Scham

Ohnmacht, Schwäche und Verletzlichkeit - aufgedeckt, bloßgestellt und entblößt - verachtenswert, nicht annehmbar, ohne Existenzberechtigung - so beschreibt Andreas Stähli in seinem Buch: „Umgang mit Emotionen in der Palliativ-Pflege"[1] das Schamgefühl. Alwin würde noch hinzufügen: Gefühl des absoluten Verrats, des Totalzusammenbruchs seines bisherigen Wertesystems und Selbstbildes, absolute Isolation, manchmal notwendiger Ausstieg aus der realen Welt.

Jemand oder „Etwas" tötet Alwin psychisch - nicht immer mit Absicht. Alwin will und darf nicht mehr sein. Seine Wahrnehmung verändert sich völlig, die Zeit läuft plötzlich anders. Die Farben verschwinden: Schwarzweißfernsehen, eingeengtes Sichtfeld. Er hört noch Töne, aber verzerrt, wie durch ein langes Rohr und versteht deren Bedeutung nicht mehr. Er verliert seinen Körper, irgendwo schwebt seine Hülle noch im Raum, der sich eigenartig krümmt, sich verändert und lebt. Alwin ist nur noch Schmerz und Krampf, er scheint nicht mehr zu atmen. Etwas zerreißt in seiner Seele, er wird immer kleiner, bis er ganz verschwindet. Manchmal kommt er schlagartig wieder in die Realität zurück, etwas wurde zu ihm gesagt. Manchmal kommt er langsam zu sich, er muss sich erst orientieren, wo

---

1 Andreas Stähli, Umgang mit Emotionen in der Palliativpflege, Ein Leitfaden, Verlag W. Kohlhammer

er ist, - oft befindet er sich inmitten oder steht vor Menschen.

Es ist wie ein kurzzeitiges „Ent- oder Verrücktsein". Alwin denkt sich heute, auf diese Art und Weise sind vielleicht ein Teil seiner inneren Kinder an seinen „sicheren Ort" „ausgewandert". Vielleicht hat er ja damals das Stück, das aus seiner Seele herausgerissen wurde, auf seiner Insel versteckt und in Sicherheit gebracht. Er kann sich zwar nicht erinnern, dass die „Insel" früher für ihn schon existierte, aber in seinen damaligen inneren Welten gab es sicherlich auch gute Verstecke.

Bei Weitem sind diese Erlebnisse nicht immer so extrem abgelaufen, es gab auch „leichtere" Formen, nur mit „Kinoblick" oder mit „akustischem Aussetzer". Manchmal fehlte Alwin auch nur ein Stück Film, aber ohne Alkoholkonsum. Oder ein Stück Erinnerung verschwand nur für eine Zeit und kam dann wieder zurück.

Da ist er wieder bei der Natascha Kampusch[2], ihrem Buch: „3096 Tage", das er gerade liest. Er glaubt, er hat, ähnlich wie sie, solange an s*einen* Welten und s*einem* Wertesystem herumgebastelt, bis er wieder damit leben konnte. Kein Mensch, erst recht kein Kind, kann ganz ohne Daseinsberechtigung und Selbstwertgefühl leben. Alwin kann bis heute nicht nachvollziehen, wie er es damals als Kind geschafft hat, sich selbst zu retten. Aber alle seine inneren Kinder haben irgendwie überlebt,

---

2 Natascha Kampusch, 3096 Tage, Ullstein Buchverlage GmbH, Berlin 2010

weiß er heute, und darauf darf er stolz sein und er ist es auch.

Wahrscheinlich hat die Orchesterwelt dabei eine entscheidende Rolle gespielt, denn dort war er zwar auch wieder in gewisser Weise Außenseiter, aber er wurde geachtet, sogar von den Erwachsenen, zumindest bis zur Pubertät. Alwin kann sich nicht erinnern, einmal in den vielen Jahren bei Proben oder Auftritten gefehlt zu haben. Für diese Art von Musik reichten seine in der Musikschule erworbenen Fähigkeiten gerade aus, zu viel mehr reichte es nicht. Und das hängt auch mit seinem Schamgefühl zusammen. Er hat fast nie geübt, meist nur eine Stunde in der Woche, schon in der Musikschule, kurz bevor sein Lehrer kam. Er war an sich kein fauler Mensch, er kann und konnte Ruhezeiten gut genießen, doch dann muss er auch wieder etwas Sinnvolles tun. Seine Eltern wissen bis heute nichts davon: Er hat vielleicht nur zwanzig mal in den ganzen Jahren, nur unter extremen äußerem Druck (vor Prüfungen) zu Hause geübt. Eigentlich hätte er das fast jeden Tag tun müssen. Aber als er anfing, Klarinette zu lernen, klangen die ersten Töne schrecklich, sie quietschten immer, er musste erst ein Gefühl dafür entwickeln, für den Lippendruck und das Holzblatt, das ja den Ton erzeugt. Dabei haben ihn Kinder vor seinem Zimmerfenster ausgelacht und sein Vater hat damals mitgelacht. Von diesem Tag an hat er sich geschämt zu üben. Wenn er dann doch einmal zu Hause üben musste versuchte er zwar, so leise wie möglich und bei geschlossenem Fenster zu spielen, doch die Nachbarn hörten es in dem Plattenbau ja doch.

Außer im Blasorchester (dort konnte er ja auch gut in der Masse verschwinden) hat er sich immer geschämt, wenn er allein vorspielen musste. Auch vor dem Musiklehrer, er hatte ja nicht ausreichend geübt, der merkte das natürlich auch. Er hatte es irgendwann aufgegeben, Alwin daraufhin anzusprechen. Selbst wenn dieser damals auf die Idee gekommen wäre, ihn einmal zu fragen, warum er nie übte, Alwin war schon in einem so dicken emotionalen Turm eingemauert, er hätte es ihm gar nicht sagen können. Soloauftritte waren für Alwin dermaßen scham- und angstbesetzt, dass dann auch folgerichtig fast immer etwas schief lief. Einen Auftritt hatte er zum Beispiel in der Lehre, vor allen Klassen der Berufsschule, bei dem er total versagte. Der Saal tobte vor Lachen und er stieg, wie oben beschrieben, ganz aus. Gebessert hat sich das Ganze erst, als Alwin sich nach der Entziehungskur selbst ein bisschen Gitarre beigebracht hatte und er mit Jugendlichen und Kindern Musik machen konnte, auch selbst Lieder schrieb, fürs Blaue Kreuz, für Jugendstunden, für Kinder, später für die Kindermusicals und Krippenspiele. Außerdem hatte er endlich auch begriffen, dass Musik etwas mit Gefühlen zu tun hat. Von da an half ihm die Musik auch, langsam aus seinen eigenen inneren Gefängnissen zu kriechen. „Hängengeblieben" ist trotzdem etwas aus früherer Zeit. Wenn er Solo auftrat, musste er bis noch vor ein paar Jahren immer mit einem Blackout rechnen. Mit den Chören, die er später selbst leitete, ist Alwin das nie passiert, obwohl er ja als Leiter eigentlich viel mehr Verantwortung zu tragen hatte. Vielleicht kam das durch die „Massenerfahrung" aus Orchesterzeiten.

Es ist erschreckend, wie viel *ein* einzelner Mensch in einem Kind kaputt machen kann. Alwin war und ist ein sehr motivationsabhängiger Mensch, wie vielleicht alle kreativen Kreaturen. Gelernt hat er immer gern. Bis heute muss er seinen Horizont ständig irgendwie erweitern. Stillstand empfindet er als Tod. Eine einzige Lehrerin hat es durch Demütigungen, Bloßstellungen und Grenzverletzungen geschafft, dass er sich jahrzehntelang sogar für sein Wissen, seine Fähigkeiten und seine Erfahrungen geschämt hat. Er weiß heute, sie hat nicht nur bei ihm versucht, ihre, wie er heute vermutet, sadistische Ader auszuleben. Leider war er, zumindest in seiner damaligen Schulklasse, der dafür anfälligste „kleine blonde Kerl", wie diese Lehrerin ihn später einmal bei einem Klassentreffen titulierte (solche Leute wissen nicht wirklich was sie tun). Der kleine blonde Kerl war *ihr* völlig hilflos ausgeliefert, und bis auf einmal haben seine Eltern davon nie etwas mitbekommen. Die Lehrerin hatte anscheinend gar nicht wahrgenommen, wie zerstörend sie früher für einige kleine Jungen gewesen war.

Hass ist destruktiv und fällt letztlich auf den Hassenden zurück. Aber dieser „Hexe" hat Alwin bei ihrem Wiedertreffen damals im Stillen gewünscht, sie solle Stück für Stück bei lebendigem Leibe verfaulen und das möglichst lange und dreifach. Erst heute ist sein Hass einem völligen Unverständnis für ihr Verhalten gewichen. Diese Lehrerin hat garantiert für die Entstehung einiger Kinder auf seiner inneren Insel mit gesorgt.

Das alles schreibt Alwin nun schon mindestens zum fünften Mal auf, in der Hoffnung, dass es irgendwann vielleicht weniger weh tut. Und er wird es weiter mit aufgeschrieben Geschichten versuchen.

Kampf

Zögernden Schrittes, kaum gerüstet:
Aufbrechen
Terrain erkundet, Sinne geschärft:
Auftreten
Mitstreiter im selben Kampf:
Aufmuntern
Hinterhalt, Straucheln, Fallen:
Aufstehen
Strategien entwickeln, weitergehen:
Aufmerken
Sieg um Sieg erringen – täglich:
Aufatmen

Wahrheit

Was ist Wahrheit, die „*absolute*" Wahrheit und wie könnte diese „absolute" Wahrheit für *ihn, Alwin,* denn aussehen? - Die absolute Wahrheit für *ihn?*, - das war ein Paradoxon schon an sich.

Er hatte seinen 31 „Wiedergeburtstag" „gefeiert", in der Suppenküche, in der er seit längerer Zeit nun regelmäßig am Freitag mitarbeitete. Er hatte überlegt, ob er den Pastor darum bitten sollte, die Kurzandacht vor dem Essen *heute* selbst halten zu können. Etwas in Alwin drängte ihn dazu, diesen Anlass mit anderen zu teilen. War es Gott oder war es sein Ego, das ihn dazu drängte? Weil er selbst sich nicht darüber im Klaren war, hatte er es letztendlich diesmal nicht getan.

Es gab viele „Wahrheiten" in ihm, auch etliche Wahrheiten der Bibel, vor allem aus dem Neuen Testament. Worte, Sätze, Gleichnisse von Jesus, die sich mit *seiner* Wahrheit von heute deckten. Aber er wusste aus seinem eigenem Leben, dass sich viele frühere „Wahrheiten" in ihm im Laufe seiner „Genesung", wie die Anonymen Alkoholiker es nannten, schon teilweise extrem geändert hatten.

Selbst die Tatsache, dass er Alkoholiker war, warf für ihn Fragen auf. Damals war er Alkoholiker, das war er aber heute auch noch; damals trank er, heute war er „trocken", damals zerstörte diese Tatsache sein Leben fast total, heute fühlte er sich in dieser Hinsicht vollkommen gesund. Nur die Art und Weise, wie er mit dem Alkohol damals und heute umging, entschied darüber, in welchem der sich einander ausschließenden „Zustände" er lebte. Für Alwin war dies eine seiner wichtigsten Wahrheiten überhaupt: Das erste Glas entschied über Tod oder Leben. Dies war *seine* „absolute Wahrheit". Aber für die meisten Menschen, die mit Alkohol umgehen konnten, spielte diese, seine Wahrheit überhaupt keine Rolle. Sie *war* für *sie* auch keinesfalls eine Wahrheit.

Genauso verhielt es sich in Bezug auf seinen Glauben. Dies war eine *seiner* „absoluten Wahrheiten" in *seinem* Leben: Ohne, dass Jesus für Alwins immer wieder auftretendes Versagen und sein immer wieder an anderen Menschen schuldig werden mit seinem Leben bezahlt hatte, konnte und wollte Alwin nicht mehr leben. Eine seiner wichtigsten und entscheidenden Erfahrungen war die Erkenntnis, dass er mit Hilfe seines übrig gebliebenen Stolzes und seines Egos *nicht* in der Lage war, sein Leben zu meistern. Alwin war nicht nur auf die Liebe und Hilfe Gottes und der von Menschen angewiesen, ohne diese Hilfe hätte er nie zu seinem heutigen „Dasein" finden können: Einer „neuen Qualität" seines Lebens, die in langsam größer werdenden Anteilen von innerem Frieden, der Bereitschaft zur Selbstannahme, Vergebung, Liebe und Hoffnung geprägt wurde. Aber Alwin war im Laufe seines Lebens auch demütig genug geworden, diese *„seine Wahrheit"* anderen Menschen nicht „überstülpen" zu wollen. Die ihm von Gott erwiesene Liebe und Gnade, sich ein „Kind

Gottes" nennen zu dürfen, verlieh ihm in keiner Weise das Recht oder die „Weisheit", andere Menschen in irgend einer Form in Gläubige/Ungläubige, Fromme/Nicht-Fromme oder was immer es noch für Kategorien gab, einzuteilen. Oder sich anzumaßen, *ihre* Lebensform auch nur in Ansätzen einzuschätzen oder in irgendwelche Schubladen verteilen zu dürfen. Seine Überzeugung war, dass dies nur Gott zustand und Alwin war auch sehr froh darüber, dass *er selbst* das nicht entscheiden *musste*. Denn er hatte schon viele unterschiedlichste Menschen kennengelernt und wusste von sich, dass seine eigenen Maßstäbe noch lange nicht die Gottes waren. Alwin selbst lebte nur durch und von Gottes Gnade und Liebe und er *hoffte*, dass dies auch für alle anderen Menschen galt.

Die „absolute", als für jeden Menschen gleich geltende Wahrheit gab es für Alwin deshalb nicht. Wenn es sie überhaupt gab, dann war sie nur bei Gott in seiner „Dimension" zu finden, aber nicht hier auf dieser Erde.

Genauso wie seine *eigenen* Wahrheiten für Alwin *nicht* „absolut", also veränderbar waren und sicher teilweise erst noch von ihm entdeckt werden mussten, so war er davon überzeugt, dass jeder Mensch seine eigenen Wahrheiten besaß und auch haben musste. Denn jeder Mensch war individuell gestrickt und einmalig. Nur *dieser* Mensch hatte *sein* Leben, seine *eigene* spezielle Vergangenheit und *seine* Erfahrungen, und auch die waren *einmalig*, wie sein Fingerabdruck. Deshalb *mussten* sich die

Wahrheiten der verschiedenen Menschen auch unterscheiden. Was für den Einen wahr und richtig war, konnte für den Anderen schon wieder Unwahrheiten enthalten oder sogar falsch sein.

Selbst in Alwin gab es in manchen Dingen verschiedene Wahrheiten, es kam ganz darauf an, aus welchem Blickwinkel er die Dinge betrachtete. Er hatte schon oft „Behinderte" oder „Erkrankte" kennenlernen dürfen, die in ihrem Leben und Erleben auf ihn viel gesünder wirkten, als so manche „Gesunde". Das betraf Alwins eigene Vergangenheit und Gegenwart gleichermaßen. Er hatte auch die Erfahrung machen können, dass in so manchen Fällen nur das rechte Maß darüber entschied, was zur Wahrheit für den Betroffenen wurde. Auch seine Empfindungen bestimmten mit darüber, was er als wahr oder unwahr, richtig oder falsch einordnete.

Alwin war sich bewusst, dass es *nicht* die Aufgabe seines Gehirns war, Wahrheiten zu erkennen, schon gar nicht die „absolute", die für alle galt, sondern es war dazu bestimmt, ihm sein (Über-)Leben zu ermöglichen. Jedes Gehirn schuf in sich nur ein Abbild der es umgebenden Realität. Kein Mensch besaß ein vollständiges und korrektes Abbild der „realen Wirklichkeit". Dieses Abbild war immer „angepasst" oder „eingefärbt", „gefiltert" an oder von schon vorhandenen Erlebnissen, Bildern und Sichtweisen des jeweiligen Menschen. Deshalb waren auch seine eigenen „Erinnerungen" mit einer gesunden Skepsis zu betrachten. Denn sein Gehirn filterte, bestimmte, verglich, was abgespeichert wurde und was nicht. Es ersetzte und vervollständigte auch durchaus manchmal fehlende Teile, um Dinge, Abläufe, Gefühle der jeweiligen Situation verständlich, erklärbar und über- oder erlebbar für Alwin zu machen. Denn zwei Menschen konnten ein gemeinsames, äußerlich „gleiches" Erlebnis völlig anders erleben, einordnen, bewerten und abspeichern oder auch nicht. Klassentreffen waren ein sehr gutes Beispiel dafür. Seine Empfindungen und „Realitäten" von damals, seine heutigen Erinnerungen und die der ehemaligen Mitschüler konnten sich teilweise extrem unterscheiden.

Und so lernte Alwin seine eigenen Wahrnehmungen, Erlebnisse, Gefühle, Gedanken, „Weltsichten" und sich selbst zwar ernst, aber hinterfragbar und mit mehr Humor zu sehen und (an-)zunehmen.

12 Schritte

Alwin lernte im Laufe der Zeit seiner „Heilung" viele Therapieformen, Herangehensweisen an seine „Krankheiten" und „Defizite" kennen. Viele *halfen* ihm, einige *nicht*, nur wenige *schadeten* ihm seiner Meinung nach sogar. Wenn ein ausgebildeter Arzt heute zu ihm als Alkoholiker sagt, er könne nach einiger Zeit Trockenheit lernen, seinen Alkoholkonsum zu steuern, hinterlässt das in Alwin ein Gefühl der totalen Inkompetenz dieses Arztes und er muss sich fragen, was dieser mit seiner Antwort eigentlich bezwecken will. Alkoholkrankheit war und ist für Alwin letztlich nur ein Symptom. Alkoholiker zu sein bedeutet für ihn, Defizite, Charakterfehler, krankhafte Grundeinstellungen und -haltungen fest in seinem Leben verankert zu haben. Relative Heilung kann also nur auf Dauer geschehen, wenn er an diesen Einstellungen und Haltungen und den Ursachen dafür zu arbeiten beginnt. Dieses Paradoxon: „Allein für dich wirst du es nicht schaffen, aber allein musst du es schaffen!" kann Alwin voll bestätigen. Er hat auch schon etliche Gemeinschaften, Selbsthilfegruppen in verschiedensten Richtungen kennengelernt und besucht. Er findet, alle Menschen, die wie er nicht mit und in ihrem Leben zurechtkamen, hatten nur eine Chance: Sich selbst zu verändern oder auch verändern zu lassen. Er hatte so oft die Erfahrung machen müssen, dass viele kranke Menschen und „Randgruppenangehörige" nicht dazu bereit waren oder es nicht mehr schafften, für sich und ihre „Genesung" selbst etwas zu tun. Diese scheinbar sinnlose Frage von Jesus an offensichtlich Kranke und Aussätzige im Neuen Testament: „Willst du (denn auch) gesund werden?" hatte und hat durchaus häufig ihre Berechtigung. Es gibt viele Menschen, die eine wirkliche „ganzheitliche" Veränderung in ihrem Leben gar nicht anstreben. Sie wurden auch von einem Gesundheitssystem geprägt, dass zu oft nur an den Symptomen herumexperimentiert und diese lediglich zu lindern versucht und das in bester Absicht. Selten gab es aber aus Alwins Sicht Versuche, die wirklichen Ursachen zu finden und zu beheben. Von dem Zeitpunkt an, als er trocken wurde, war Alwin jedoch klar, *er* wollte versuchen, sein „ganzes" Leben zu ändern. Denn die Dinge, die er noch in sich ahnte und ablehnte und die *seiner* Alkoholsucht letztendlich zu Grunde lagen, die *seine* „Lebensfähigkeit" nach wie vor zusätzlich einschränkten und begrenzten, ließen ihn weiter ein „kranker" Mensch bleiben. Alwin sehnte sich nach wie vor aber so unendlich nach wirklicher Freiheit, er wollte endlich *wirklich und real* leben. Er spürte es von Anfang an ganz deutlich in sich, es lag im Letzten an seiner eigenen Bereitschaft, dass sich an seinen „Krankheiten" etwas änderte, und er musste natürlich auch selbst etwas dafür tun. Die vielen Gruppenerfahrungen, Therapien brachten ihn auf Grund seines Willens und der Hilfe von außen zwar immer kleine Schritte vorwärts, aber er hatte bisher nur eine Form der Gruppenarbeit kennengelernt, deren Programm ihn in positiver Weise gewissermaßen zur Arbeit an sich selbst „zwang", deren Programm ihn fast täglich „reifen" ließ. Vielen Selbsthilfegruppen reichte es nach wie vor, sich selbst immer wieder zu bestätigen und „in ihrer Suppe der Selbstzufriedenheit" zu schwimmen. Für Alwin gab es nur zwei Alternativen. Entweder er würde „Leben lernen" oder er würde (zu) früh sterben. Die ersten Gruppenerfahrungen konnte er in seiner Entwöhnungskur und beim „Blauen Kreuz" sammeln, in dem er dann auch mitarbeitete. Obwohl es für Alwin in der damaligen DDR keine Möglichkeit gegeben hatte, Gruppen der Anonymen Alkoholiker zu besuchen, kannte er deren 12-Schritte-Programm aus einem Flyer. Er hatte beschlossen, dieses für sich, soweit es damals möglich war, als sein Genesungsprogramm zu nutzen. Da die ursprünglichen Formen der Blaukreuzarbeit in der DDR mit der Wende endeten, die Arbeit im „Vereinigten Deutschland" dann ganz anders geprägt war und inzwischen bei Alwin auch andere persönliche Probleme auftraten, verlor er langsam den Kontakt zu dieser Art von Gruppen. Erst viele Jahre später lernte er zuerst über die Anonymen Sexaholiker (AS) Menschen kennen, die auch mit diesem 12-Schritte-Programm in etwas abgewandelter Form zu leben versuchten.

Heute ist Alwin beständiger Besucher seiner Ortsgruppen der Anonymen Alkoholiker. Er hat eine innere Verbundenheit, Annahme, Offenheit und menschliche Nähe wiedergefunden, die ihn sehr an die erste Zeit seiner Trockenheit erinnert, die ihn seine Erfahrung, Kraft und Hoffnung mit anderen Betroffenen teilen lässt.

Er besitzt einen verlässlichen Wegweiser in diesem 12-Schritte-Programm[1] der anonymen Gruppen, das hoffentlich immer mehr sein Leben bestimmen und zu seiner Genesung auf vielen Gebieten weiter beitragen wird, genau wie sein Glaube. Für Alwin gibt es in dieser Hinsicht auch keine Widersprüche. Gott hat ihm eine neue Identität geschenkt und die 12 Schritte sind für ihn *das* zusätzliche Werkzeug, ihn zu einem neuen Leben zu führen.

Da die 12 Schritte kopiergeschützt sind und nicht ohne weiteres hier abgedruckt werden dürfen, formuliert sie Alwin für sich selbst so:

1. Alwin gibt endlich zu, dass er dem Alkohol, seinen eigenen Charakterfehlern, Prägungen und Grenzen gegenüber machtlos ist und er sein Leben nicht mehr aus eigener Kraft heraus meistern kann.

2. Alwin kam zu dem Glauben, dass es einen Gott gibt, der viel größer ist als er selbst, der ihm seine Gesundheit, wie er sie versteht, schenken kann.

3. Er wagte und wagt Vertrauen und fasste den Entschluss, seinen Willen und sein Leben der Fürsorge Gottes (für ihn der Gott der Bibel) zu übergeben.

4. Alwin macht wieder und wieder in Abständen

---

[1] „Anonyme Alkoholiker" (Blaues Buch) Seite 68/69 Herausgeber 1983 (9. Auflage) Anonyme Alkoholiker deutscher Sprache

eine gründliche, furchtlose und schriftliche Inventur seines inneren und äußeren Lebens und teilt diese mit ihm vertrauten Menschen.

5. Er versucht Gott, sich selbst und anderen Menschen gegenüber unverhüllt seine erkannten Fehler zuzugeben.

6. Er wird immer mehr bereit, all diese *seine* Charakterfehler von Gott beseitigen zu lassen.

7. Demütig bat und bittet er Gott immer wieder, diese Mängel Stück für Stück von ihm zu nehmen.

8. Er macht eine Liste aller Personen, denen *er* Schäden zugefügt hat und wird willig diese wiedergutzumachen.

9. Er versucht, sich bei diesen Menschen zu entschuldigen und die von ihm verursachten Schäden zu begrenzen, wo immer es möglich ist, es sei denn, er verursacht dadurch bei ihnen noch mehr Schaden.

10. Alwin setzt seine Inventur fort, wenn er Unrecht hat, gibt er es zeitnah zu.

11. Er versucht durch tägliches Gebet, Besinnung und Gemeinschaft mit anderen Menschen die bewusste Verbindung zu Gott zu vertiefen. Er bittet Gott um Seinen Geist und darum: Ihn Gottes Willen auch erkennbar werden zu lassen und ihm immer mehr die Kraft dazu zu geben, ihn auszuführen.

12. Nachdem Alwin durch diese sich immer wiederholenden Schritte ein spirituelles Erwachen erlebt, versucht er, diese, seine Erfahrungen an andere Menschen weiterzugeben und sein tägliches Le-

ben selbst auch nach diesen Grundsätzen auszurichten.

Alwin lebt heute, trotz vieler Mängel, nach diesem Programm. Die Arbeit daran und darin wird zu Alwins Lebzeiten nie enden. Doch der Weg ist für ihn das Ziel. Und er kann nur weitergeben, was er selbst empfangen hat.

„Heute" hab ich mich entschieden
gegen jedes „erste Glas"
„Heute" hab ich mich entschieden
gegen diesen falschen Spaß
„Heute" hab ich mich entschieden
für ein Leben ohne dich
„Heute hab ich mich entschieden
für das Leben – und *für* mich!

Ländertreffen

Alwin ist zurück vom diesjährigen deutschsprachigen Ländertreffen der Anonymen Alkoholiker. Obwohl er schon über 30 Jahre „trocken" ist, landete er vor einem dreiviertel Jahr wieder bei den AA. Ihr 12-Schritte-Programm kennt er schon viel länger und versucht schon seit Jahren es als sein persönliches Genesungsprogramm in sein Leben zu integrieren. Er war aber das erste Mal zu solch einem umfangreichen Treffen und er war sehr beeindruckt. Über dreieinhalb Tausend trockene Alkoholiker und Angehörige zusammen, drei Tage lang. Was Alwin besonders gut gefällt: Jeder kann in zu vielen verschiedenen Themen angebotenen Gruppen über seine persönlichen Erfahrungen sprechen, *ohne* dass das von anderen kommentiert wird. Hier kann er wirkliche Toleranz kennenlernen und einüben. Alles ist dem alleinigen Ziel der Trockenheit untergeordnet, ohne die eine Heilung der Krankheit, aller Beziehungen und die Gesundung auch der Partner und Kinder unmöglich bleibt. So viele verschiedene Lebens- und Heilungsgeschichten und trotzdem immer wieder auch erkennbare Gemeinsamkeiten, die Grundwahrheit: Jeder muss seinen ganz speziellen Weg finden und auch gehen. Nichts ist einfach übertragbar. Schicksale und Geschichten, die Alwin nie vergessen lassen, welch ein Geschenk seine eigene Rettung war und ist. Aus welch stinkenden Sümpfen haben ihn Gottes und der Menschen Hände damals gezogen. Sie machen ihm auch immer wieder deutlich, wie wichtig Dankbarkeit und Demut für seinen eigenen Weg sind und bleiben. Denn er steht alle 24 Stunden wieder vor der gleichen Entscheidung: Will er den Weg in Richtung Leben oder den in Richtung Untergang gehen? Zu Beginn vieler Meetings wird *derer* gedacht, die es *nicht* geschafft haben und auf der Strecke geblieben sind. So schenken ihm solche Treffen immer wieder neuen Trost, neue Hoffnung, die Kraft und den Mut die nächsten kleinen Schritte mit Gott und Menschen gemeinsam gehen zu können. Tränen der Trauer, Hoffnung und Freude sind heutzutage keine Schande mehr für ihn. Und wenn sich beim Abschlussritual des Treffens alle Teilnehmer an den Händen fassen und über 3000 Menschen gemeinsam in der Halle das „Gelassenheitsgebet" laut und einmütig sprechen, kann er sie in sehr vielen Augen sehen.

PS: Wer nicht glauben kann, dass Gott auch heute noch in verschiedenster Art und Weise wirkt, der sollte solch ein Treffen einmal besuchen. Und noch eine spöttische Frage: Wie viel Alkoholsteuer ist dem Staat wohl durch diese trockenen Alkoholiker schon entgangen?

5. _Pedro, der Pädophile_

Mensch

Aus Pedros Sicht wird das Problem der Pädophilie heute in Deutschland von der falschen Seite angegangen, genau wie viele andere Probleme dieser Gesellschaft auch. Statt Anderssein und Unterschiedlichkeit als Bereicherung und Geschenk zu sehen (wie das zum Beispiel andere Gesellschaften in Asien tun), wird bei uns Andersartigkeit als Angst-machend und gefährlich gesehen.

Wenn Pedro darüber nachdenkt, warum er pädophil geworden ist, liegt für ihn eine der Grundursachen in einer schon sehr weit zurückliegenden unbewussten Weigerung, erwachsen zu werden. Er ist immer wieder fasziniert, wie sprachliche Begriffe Dinge deutlich ausdrücken können. Das Wort Pädophilie ist solch ein Wort auf das dies seiner Meinung nach voll zutrifft: „Freund der Kinder" oder anders ausgedrückt, „Freund der kindlichen Anteile" in sich macht genau das deutlich, was Pädophilie *für ihn* bedeutet. Er liebt die Kinder oder die kindlichen Anteile in sich besonders. Es sind die wichtigsten Anteile, die sein Dasein für ihn lebenswert machen und die er auch nur in anderen Kindern wiederfinden kann. Für ihn besitzen nur kleine Kinder noch die Fähigkeit, Dinge und Vorgänge wertungs- und vorurteilsfrei zu entdecken, zu betrachten, zu bestaunen und zu genießen. Auch die

Fähigkeit, sich wenigstens zeitweise ganz seinen Emotionen zu über- und den Verstand außen vorzulassen, haben erwachsene Menschen aus seiner Betrachtungsweise heraus völlig verloren. Die ganzen realen gesellschaftlichen und sozialen „Umweltbedingungen" widersprechen dem völlig. Erst in letzter Zeit zieht er die Möglichkeit überhaupt in Betracht, dass es vielleicht irgendwo in einem entfernten Winkel der Welt Erwachsene geben könnte, die in sich diese Fähigkeiten bewahrt haben und sie auch ausleben. Auch nach all seinen Therapien und der jahrelangen Arbeit an und in sich gibt es für Pedro keine wirklich wichtigen Gründe und Vorteile, endlich erwachsen zu werden. Er könnte nur verlieren, wenn er die Ziele der „Erwachsenenwelt" (Macht, Karriere, Geld, Perfektion, Selbstgerechtigkeit) für sich in Anspruch nehmen würde. Das „Erwachsensein" ist für ihn gleichzusetzen mit emotionaler Armut, Konkurrenzkampf, dem Zwang, sich oft sinnlos unterzuordnen und der Notwendigkeit jemand anders spielen und sein zu müssen, als er wirklich ist. Es sind seine alten Erfahrungen, die sich auch heute immer wieder bestätigen. Es gibt für ihn nur „kindgebliebene oder halbtote" Erwachsene. Pedro empfindet dieses „Erwachsensein" als abstoßend und abtötend. *Er* hat sich aber für das *Leben* entschieden. Er ist zum heutigen Zeitpunkt davon überzeugt, dass dies bis zu seinem Lebensende so bleiben wird.

Pedro hat als kleines Kind und später immer wieder die Welt der Erwachsenen als so feindlich und gefährlich erlebt, dass es zu seiner wichtigsten Aufgabe wurde, seine „inneren Kinder" vor dieser Welt zu schützen und am Leben zu erhalten. Dieses Gefühl findet er auch bei fast all den anderen Pädophilen, die er bis jetzt „kennenlernen" konnte, egal ob im realen Leben oder im Internet. Er kann spüren, es besteht da eine tiefe innere Verwandtschaft.

Leider wird Pädophilie in seiner Gesellschaft nur einseitig auf die sexuelle Seite beschränkt. Er sieht auch die *Gefahr*, dass natürliche und gesellschaftlich gesetzte Grenzen nicht eingehalten werden. Doch er findet *diese* Gefahr als nicht größer, als bei anderen Formen der Sexsucht oder in Bezug auf Gewalt in Beziehungen überhaupt. Er liest gerade das Buch von Natascha Kampusch: „3096 Tage"[1]. Bei Übergriffen oder solchen Verbrechen gibt es fast immer eine längere Vorgeschichte. Das wird in ihrem Buch sehr gut beschrieben. Letztlich ist es dann das Einfachste, die Schuld für das Versagen der Gesellschaft (oder verantwortlichen Institutionen) gleich mit auf den Täter abzuwälzen. Einmal abgesehen davon, dass bei den Opfern durch die Art und Weise, wie mit solchen „Geschehnissen" in der Öffentlichkeit umgegangen wird, der Schaden, den sie durch das Verbrechen *an sich* schon erlitten haben, oft noch erheblich vergrößert wird. Der Umgang in Bezug auf Pädo-

---

[1] Natascha Kampusch, 3096 Tage, Ullstein Buchverlage GmbH, Berlin 2010

philie in den „fortschrittlichen Ländern" hat für Pedro auch eine klare Funktion. Jeder Staat und jede Zeit braucht *ihre* „Hexen" oder „Juden", um jemandem die eigene Unfähigkeit oder Schuld in die Schuhe schieben zu können.

Er ist für sich selbst gern pädophil. Er hält es für seine ursprüngliche Berufung, mit Kindern umzugehen. Natürlich innerhalb der vorgegebenen Grenzen. Der Sex Erwachsener mit Kindern ist immer solch eine klare Grenze für ihn gewesen. Es war eine der glücklichsten und kreativsten Zeiten seines Lebens, als er mit den eigenen und fremden Kindern Musik machen, eigene Musicals aufführen und Workshops durchführen konnte. Er hat um seine Grenzen gewusst und ist auch achtsam damit umgegangen, so war er zum Beispiel nie allein mit einzelnen Kindern. Seine damaligen Mitarbeiter(innen) und „Mitstreiter", mit denen Pedro später auch über seine Neigungen sprechen konnte, bestätigen ihm das. Aus der Sicht mancher von ihnen könnte Pedro diese Arbeit ohne weiteres noch heute machen. Es war für ihn einer der schmerzlichsten Ein- und Umbrüche seines Lebens, als er diese Tätigkeit aufgeben musste. Er zerbrach fast daran. Pedro hat es schon mehrfach erlebt: Sobald das Thema Pädophilie mit ins Gespräch kommt, kippt die Situation förmlich. Gesetze des menschlichen Umgangs miteinander gelten nicht mehr, Maßstäbe des Denkens von Menschen ändern sich scheinbar abrupt, allgemein gültige Regeln treten außer Kraft. Wenn es ihn persönlich betrifft, fühlt er sich

nicht mehr als Mensch wahrgenommen. Alles „Gute", was er bisher *auch* getan hat, löst sich in Nichts auf, zählt plötzlich nicht mehr, er wird wie ein feindliches und gefährliches Alien eines weit entfernten Planeten behandelt. Obwohl es von seiner Seite aus nie sexuelle Übergriffe in dieser Hinsicht gegeben hat, wird ihm der Kontakt zu Kindern untersagt. Es wird selbst im therapeutischen Bereich versucht, ihm vorzuschreiben, mit wem er reden darf oder nicht, was „gut" für ihn ist. Obwohl er ja „erwachsen" werden soll, wird er „entmündigt", zum „Aussätzigen" gemacht, „ausgestoßen". Seine bisherige Welt fällt in sich zusammen. Pedro hat schon sehr oft darüber nachdenken müssen, warum dies so ist. Warum die meisten Menschen so auf *dieses Thema* und auf *ihn* reagieren. Und warum er selbst dann so auf *ihre* Reaktionen reagiert. Die einzige Antwort, die er bisher darauf gefunden hat ist: Es geht um Ängste!
- Es geht um die Angst der Verantwortlichen, die Kontrolle über ihre Kinder zu verlieren und die Schutzaufgabe nicht „erfüllen" zu können, in dieser Hinsicht zu „versagen" und um ihre eigene „Ohnmacht" gegenüber solch fürchterlichen Straftaten an Kindern. Es fragt in grundlegender Form ihre eigenen Lebenseinstellungen in Bezug auf Kontrollierbarkeit und Sicherheiten an.
- Es geht seines Erachtens auch um die Angst der Eltern und „Erzieher", was *ihnen selbst* vielleicht einmal angetan wurde, also ihre *eigenen* Verletzungen, könnten durchbrechen, wieder an die Oberflä-

che kommen. Sie könnten nicht mehr von ihnen verdrängt werden und sie vielleicht *sogar selbst auch* zum Täter werden lassen. Denn Pedros Erfahrung ist es, dass *nicht aufgearbeitete* Verletzungen *immer* an die nächste Generation weitergegeben werden, egal in welcher Form.

- Der Umgang der Gesellschaft mit diesem Thema schafft aber selbst auch *neue* Ängste. Welcher Mann kann heute noch unbefangen mit fremden Kindern umgehen? Muss er doch befürchten, von „überbehütenden" Müttern „verdächtigt" zu werden, „falsche Absichten" gegenüber ihren Kindern zu haben, wenn er sich mit ihnen abgibt. Pedro hat es mehrfach beobachtet: Kinder können *so* manchmal starke versteckte Ängste in (besonders männlichen) Erwachsenen auslösen, (Tendenz zunehmend).

- Selbstverständlich kennt auch er die Angst, es könnte zu Übergriffen seinerseits kommen, vor allen bei seinen eigenen Kindern. Er weiß um die extrem zerstörerischen Folgen, wenn Erwachsene sich an Kindern „vergreifen". Diese Angst kennt er aber genauso in Bezug auf (seine) Gewaltausbrüche. Wenn diese Ängste zu bedrohlich für seine Kinder oder für ihn wurden, hat er sich immer in die Psychiatrie einweisen lassen oder er hat wieder einmal eine stationäre Therapie begonnen.

Oft wird von Verhaltenstherapie gesprochen, er hat seine ganz eigene in den Kindergruppen damals durchgeführt. Dort hat er gelernt, dass Kinder keine *Bedrohung* für ihn darstellen und umgekehrt.

Er kann *sie* und *sie können ihn* bereichern. Pedro kann mit ihnen seine eigenen gut versteckten inneren Kinder leben lassen und so ein Stück eigene Kindheit nachholen. Bei und mit ihnen ist er wirklich, wie er schon immer sein wollte. Mit Kindern kann er auf einer Ebene kommunizieren, wie er es unter Erwachsenen nur äußerst selten erlebt hat. Sich damit abfinden zu müssen, dies nur noch mit seinen eigenen Enkeln tun zu dürfen, war ein schweres Stück Arbeit für Pedro. Vielleicht ist dies ein Grund, dass es ihn auch deshalb zur Hospizarbeit zieht, er hat beobachtet, viele Sterbende kehren auf diese infantile emotionale Ebene zurück.

Warum sehnt er sich trotz allem in seiner Phantasie auch heute noch manchmal nach Sex mit Kindern? Er hat bis heute noch keine end-, geschweige denn allgemein gültigen Antworten darauf gefunden:
- Vielleicht sehnt er sich nach ihrer „Unschuld", ihrer Reinheit, weil er sich oft genug selbst schuldig und dreckig gefühlt hat.
- Pedro stößt nicht nur die Art, das Schauspiel, die Denkweise vieler sogenannter Erwachsener ab, er hat auch ein gestörtes Verhältnis zu erwachsenen Körpern.
- Er sehnt sich nach Körperkontakt und er hat ihn ja als Kind kaum in „normaler" Form kennengelernt (er kann sich nicht erinnern je bei Mutter und Vater auf dem Schoß gesessen zu haben). Die ersten intensiveren körperlichen Kontakte waren in seiner Erinnerung fast alle sexuell geprägt und be-

trafen Kinder, auch wenn er sie damals nicht so deutete. Sexuelle Handlungen an sich selbst und mit anderen Kindern zusammen gab es in seiner Kinder- und Jugendzeit immer wieder.
- Kinderkörper faszinieren ihn. Sie sind einfach schön und anziehend, sie wirken einfach perfekt. Er sehnt sich auch heute noch in seinen eigenen Kinderkörper zurück. Wenn es so etwas gibt, möchte er auch nur als Kind „wiedergeboren" werden.
Im Rahmen seiner Aufenthalte in verschiedenen stationären Einrichtungen hat er Übungen aus der Traumatherapie kennen- und schätzengelernt. An seinem „sicheren Ort" gab es nie Erwachsene und Erwachsenenverbote, aber viele Kinder.
Obwohl er heute ziemlich sicher weiß, dass sein Großvater väterlicherseits ebenfalls pädophile Neigungen besaß, glaubt Pedro nicht, dass er sie von ihm vererbt bekommen hat.
 Er denkt eher, dass ihm durch die Umstände in seiner frühen Kindheit bestimmte emotionale und soziale Lernprozesse versagt geblieben sind. Dadurch standen seine späteren Lebenserfahrungen gewissermaßen unter einem „negativen Vorzeichen". Die in späterer Kindheit und Jugend immer wieder zu beobachtenden Defizite verstärkten sich so mehr und mehr, bis sie für ihn zu emotionalen und sozialen „Behinderungen" wurden. Sie ließen ihn irgendwann unfähig zu einer den realen Umständen entsprechenden angemessenen Lebensweise zurück.

Diese „falschen" Sichtweisen, die Pedro in den vielen Jahren der Arbeit an sich selbst nach und nach erkannte, erklären so viele vergangene „Dramen" und heutige Dinge in und an ihm.
 Er *ist* in mancherlei Hinsicht ein Kind geblieben:
 - Kind in *„sinnlicher"* (erotischer) Hinsicht, seine „Erwachsenensexualität" kam später als „Störfaktor" dazu. Seine Kastration nahm ihm seine „Erwachsenensexualität" dann wieder.
 - Er ist Kind in *emotionaler* Hinsicht geblieben. Er empfindet als Kind, erlebt seine Umwelt oft aus kindlicher Perspektive. Er liebt besonders die kleinen Dinge, die auch kleine Kinder faszinieren können, große Dinge wirken auf ihn oft monströs.
 - Aber er ist es auch in Bezug auf sein eigenes Körpergefühl, in Pedros „Mann-Hülle" steckt noch immer sein für ihn zu spürender Kinderkörper.
 - Die „extremen Ausschläge" seiner Gefühlswelt entsprechen ebenfalls denen eines Kindes.
 - Er kann oft in Anwesenheit von Kindern eine innere Verwandtschaft spüren. Er hat manchmal das Gefühl, dass er in ihre Seelen sehen kann und sie in seine.
 Pedro hat gelernt sich als Mensch so zu lieben, wie er heute ist, besonders als erwachsenes Kind. Er ist nur an bestimmten Punkten etwas *anders* als die meisten Menschen. War einer seiner Vorfahren vielleicht Asiat? Er empfindet sein Anderssein jedenfalls auch als Bereicherung. Und Pedro fühlt sich immer öfter wohl (sauwohl) in seiner (Kinder-)Haut.

Dein Blick verrät die Angst
vor unentdeckten Seiten,
emporgestiegen aus dunklen Tagen...

Mein Blick erkennt die Angst in dir,
die unentdeckten Seiten,
die dunklen Schatten –
auch meine ...

Der sichere Ort

Inzwischen ist Pedro hinter die Bedeutung einiger weiterer innerer Symbolbilder gekommen. Die Wichtigkeit der Phantasiewelten und -bilder für sein Leben wird ihm immer klarer. In gewisser Weise haben sie ihn überleben lassen. Ein Therapeut in der Hohen Mark sagte ihm einmal: „Ihre Phantasie sind in gleicher Weise Ihr Segen und Ihr Fluch." Heute kann er diese Aussage voll bejahen, wobei die Seite des Fluches mehr und mehr an Bedeutung verliert, da inzwischen die sexuellen Gewaltphantasien ihre Bedrohlichkeit für ihn deutlich verloren haben und nur noch sehr selten auftauchen.

Pedro weiß, dass viele Bilder und Erinnerungen auch nur Produkte seines Gehirnes sind und wahrscheinlich nicht viel mit der Realität zu tun haben. Trotzdem beinhalten sie eine gewisse (*seine*) Wahrheit. Er denkt, es sind „Ersatzbilder", für ihn (damals) nicht fass- und erklärbare Ereignisse. So, wie er die Funktionsweise des Gehirns heute versteht, braucht es zum Abspeichern von Erinnerungen immer die Verknüpfung von Sinneseindrücken *und* schon *vorhandenen* Bildern. Wenn es keine passenden Bilder findet, schafft das Gehirn sie sich selbst, bis sie den eingehenden Empfindungen am ehesten entsprechen. So haben selbst *diese* Bilder auch ihre Berechtigung *für ihn*. Es geht ja nicht um „Schuld und Sühne", sondern darum, diese alten Gefühle endlich einmal erklärbar zu machen, sie zuzulassen und die Geschehnisse als *seine* Geschichte anzunehmen. Darum, mit den Situationen, die die alten Gefühle vielleicht noch heute immer wieder einmal hervorrufen, besser klarzukommen und sie besser einordnen zu können.

Pedro war insgesamt drei mal in den Wicker-Kliniken in Bad Wildungen, dort hat er Traumatherapie kennengelernt. Während eines Aufenthaltes dort ist auch sein „sicherer Ort" entstanden. Seine neuen „Bilder" haben *in sich* drei Übungen vereint: Das „Ei aus Licht", den „Tresor" und eben den „sicheren Ort". Seine eigene „Mischung" ist damals spontan entstanden. Alle darin enthaltenen „Botschaften" hat Pedro bis heute noch nicht ganz verstanden, doch er ist froh darüber, dass sein Unterbewusstsein sie ihm sendet und dass sie sich ihm mehr und mehr erschließen. Auch das ist Heilung.

Sein „sicherer Ort" liegt irgendwo mitten im Ozean, auf einem einsamen Eiland, fernab aller Zivilisation.

Im „inneren Bereich" gibt es nur Kinder, die meisten spielen glücklich am Sandstrand oder im Wald. Wenn Pedro durch ein ausgeklügeltes Sicherheitssystem dorthin zurückgeht, muss er als erstes durch das „Ei aus Licht", es reinigt ihn von all dem (Erwachsenen-) Dreck, den er mitbringt und er wird dadurch selbst zum ältesten Kind an seinem sicheren Ort. Der „innere Bereich" ist von einem undurchdringlichen Hochgebirge umgeben. Nur am Rande, außerhalb des Gebirges, leben ein paar

Erwachsene, die der Verteidigung des Eilandes dienen und die den „inneren Bereich" nie betreten dürfen und können. In *seiner* Welt gibt es viele Wälder, in der Mitte liegt ein großer See mit einer Insel darin, auf der sich in einer tiefen Höhle auch der Tresor mit seinen emotional sehr negativ geprägten Erinnerungen befindet. Es liegt in Pedros Macht, diesen Tresor zu öffnen und auch sofort wieder zu verschließen, wenn diese Erinnerungen ihm zu bedrohlich werden sollten. Diesen Tresor schrittweise weiter zu öffnen, war und ist ja für Pedro *ein* Wunsch, *ein* Ziel seiner Kastration gewesen. Dieser Wunsch erfüllt sich bis jetzt auch so.

Pedro wundert sich manchmal selbst über seine „Eingebungen", denen er immer mehr zu vertrauen lernt. Manche Menschen würden sie vielleicht Intuitionen nennen, vielleicht ist das der Vorteil seiner verhältnismäßig hohen weiblichen Anteile. Sie sind jedenfalls nicht mit seinem Verstand erklärbar. Es ist, als ob sein Unterbewusstsein (vielleicht Gott) ihm klarmachen will: Das ist der Weg, weiterzukommen. Oder sie lassen ihn fühlen, etwas ist falsch für ihn: „Scheiß drauf, was dir andere sagen!". Oder: „Wenn es auch fast überall üblich ist, tu es nicht."

Pedro wurde und wird auch heute noch von anderen Menschen (vor allem von sogenannten selbst ernannten „Autoritäten") signalisiert und gesagt: „So darfst du nicht fühlen, denken und handeln." Selbst seine Mutter sagt ihm heute noch: „Du konntest dich nie unterordnen und anpassen." Auch von Chefs hat er sich oft anhören müssen: „Sie haben ein Autoritätsproblem!". Viele *wirkliche* Autoritäten hat er bisher auch noch nicht kennengelernt. Er denkt nach all den Therapien: Hätte er es früher gelernt, seinen eigenen „Eingebungen" und Gefühlen mehr zu vertrauen, wäre ihm vielleicht so manches erspart geblieben.

Zurück zu seiner Insel an seinem „sicheren Ort": Er hat sich bis vor kurzem nicht erklären können, warum es dort auch eine Prozession seiner inneren Mädchen und Jungen verschiedenen Alters gibt: Anteile von ihm, die stumm mehrere Babys oder Kleinkinder auf ihren Schultern tragen. Pedro hatte bisher gedacht, es seien Anteile seines ganz frühen Lebens, die vielleicht nicht überlebt hatten und von ihren Geschwistern zu Grabe getragen wurden. Der „Leichenzug" gelangte nie auf das „Festland" seines „sicheren Ortes" zu den anderen spielenden Kindern.

Aber er bekam ja vor kurzem Kontakt zu seinem etwa vierjährigem inneren Jungen (der Junge aus der Straßenbahn, im Zusammenhang mit dem Tod seines kleinen Bruders), den er nun endlich in seine Arme nehmen und trösten konnte (es kommen ihm immer wieder neu Tränen aus Freude, mit ihm nach so langer Zeit zusammen sein zu können). Dieser Anteil von Pedro entstammt auch der Inselprozession (den vermeintlich toten Kleinkindern), aber er spielt inzwischen mit den anderen Kindern auf dem „Festland".

Pedro kann es endlich besser verstehen, die „Prozessions-Kinder" warten darauf, von ihm in den Arm genommen und getröstet zu werden. Er soll sie nach und nach von der Insel abholen, mit ihnen noch einmal in *ihre* „Straßenbahnen" zurückkehren, mit ihnen trauern, damit sie sicher sind, dass sie endlich verstanden und geliebt werden. Sie sehnen sich schon so viele Jahre nach dem „Festland", nach ihm, den anderen Kindern. Eines der schönsten Dinge ist für Pedro, dass er inzwischen sehen kann, dass die vermeintlichen „Kinderleichen" sich bewegen. Sie sind nicht tot, sie können nur vielleicht noch nicht allein laufen und werden deshalb von ihren älteren Geschwistern getragen.

Und wenn er diese Bilder vor sich sieht, kann er fühlen, was Glück ist. Aber darüber wird er auch noch einmal schreiben.

Kindergeburtstag

Gestern war Freitag, und Pedro hat am Abend das erste Mal in seinem Leben bewusst, gern und unabhängig vom physischen Datum Geburtstag gefeiert.

Am Donnerstag war seine Tochter mit ihren Kindern ein paar Stunden bei ihm zu Besuch. Sie haben sich sehr intensiv unterhalten können. Unter anderem haben sie auch über Pedros einstige Gewaltausbrüche gesprochen. Er hat ihr sagen können, wie leid es ihm immer noch tut. Sie sind sich anschließend tief bewegt in die Arme gefallen.

Das ist für Pedro auch ein großes Geschenk und Glück, sich mit seinen leiblichen Kindern auf solch einer Ebene treffen und über ihre negativen und positiven Gefühle in ihrer Beziehung offen reden zu können.

Der jüngste Sohn seiner Tochter, er wurde am Sonntag sechs Wochen alt, lag während des Gesprächs für längere Zeit auf seiner Schulter. Es drängte Pedro, auch davon zu sprechen, wie fassungslos er immer noch darüber sei, dass seine Eltern ihn in diesem Alter freiwillig weggeben konnten. Wenn er davon ausgehe, dass seine Mutter Muttergefühle ihm gegenüber hatte und sie vielleicht nur nicht zeigen konnte, bleibt es ihm trotzdem unverständlich, warum sie ihn in eine Wochenkrippe abgegeben hat. Denn damit muss sie sich auch selbst verletzt haben.

Als die ganze „Bagage" dann wieder gegangen

war, hatte Pedro sich ein bisschen hingelegt und geschlafen. Nach einiger Zeit erwachte er mit Tränen in den Augen. Er fühlte sich selbst als sechswöchiger kleiner Kerl auf seiner eigenen Schulter liegend. Sie blieben so wohl eine halbe Stunde lang im Bett und haben zusammen getrauert, aber sich auch über ihr gegenwärtiges Zusammensein gefreut. Pedro hat den Kleinen in Gedanken gestreichelt, und sie haben sich gegenseitig getröstet.

Pedro kann seit seiner Kastration und dem darauf folgenden endlich Loslassen-Können der Internetbilder und seiner Gewaltphantasien viel klarer spüren, welch ein Reichtum seine inneren Bilder in seinem Leben darstellen.

Es war und ist wie bei Beginn seiner Alkoholabstinenz damals - und doch anders. Es fiel ihm sehr schwer, die pornographischen Bilder und Phantasien loszulassen. Er hatte große Angst vor der danach zu erwartenden großen inneren Leere. Mit was sollte er sie diesmal füllen? Damals hatte er das „Blaue Kreuz", die Gemeinde- und Jugendarbeit. Aber heute? Doch dann, während des Loslassens, merkte er, dass diese Leere nicht so gewaltig wurde, wie er vorher befürchtet hatte. Sie füllte sich mit positiven Bildern, seinen inneren Welten und Gefühlen, die vermutlich schon immer im Hintergrund vorhanden waren, aber jetzt erst für ihn lebendig und auch spürbar wurden. Er war bisher teilweise blind gewesen und hatte sich in all den Jahren mit den negativ geprägten Bildern und Gefühlen zufrieden gegeben.

Ähnliches passierte mit den „Prozessions-Kindern" auf Pedros Insel an seinem „sicheren Ort" (vorherige Geschichte). Vor einiger Zeit schon entdeckte er: In seiner Vergangenheit entstand bei jedem Anlass, den er als Kind absolut nicht einordnen oder auch seelisch nicht aushalten konnte, wahrscheinlich eins dieser Kinder, hatte sich dorthin gerettet. Neu war die Erfahrung, dass auch diese Kinder (wie der sechswöchige kleine Kerl) existierten, von denen er bisher noch nichts gewusst hatte. Diese Erfahrung war so schön und gehörte natürlich nun auch mit zu seinem neuen Leben.

Geburtstag und Weihnachten waren für Pedro durch den Druck der Umstände bisher gefühlsmäßig negativ besetzt. Für seine Kinder und seine ehemalige Frau waren diese Feiertage in Ordnung, er hat sie auch aktiv mitgefeiert, aber seinen eigenen Geburtstag feiern? – Bloß nicht!

Freitag Abend war er durch das Erlebnis vom Vortag noch total aufgewühlt. Ihm kam die Idee, ein Ritual der Hospiz-Gruppe aufzunehmen und es für sich umzufunktionieren.

Am Tag zuvor durfte Pedro bei einem Besuch der Hospiz-Gruppe des Ortes ein alljährliches Ritual kennenlernen. Dabei sitzen alle Teilnehmer im Kreis und es wird von den jeweiligen Begleitern für jeden Verstorbenen des vergangenen Jahres eine Kerze angezündet und wer will, sagt ein paar Worte. Zum Abschluss wird noch etwas gelesen. Dieses Ritual hat Pedro sehr beeindruckt.

Pedro hielt und hält nicht viel von „Tüdelkram"

(Staubfängern) in seiner Wohnung. Trotzdem war er schon manchmal Gegenständen begegnet, kleinen Dingen, die in irgendeiner Weise mit seiner Seele in Verbindung treten konnten. Es war ihm schon passiert, dass er noch einmal zu Geschäften zurücklaufen musste, weil diese Dinge ihn nicht loslassen wollten. Dann hat er sie sich, meist als Belohnung für etwas, gekauft. Oder seine Kinder oder Freunde schenkten ihm Gegenstände, Plüschtiere, selbst gemalte oder angefertigte Sachen. Sie standen oder hingen als Erinnerung an Ereignisse oder Personen in seiner kleinen Wohnung. Damit fühlte er sich nicht so einsam. Sie hatten ihn auch schon vor manchem Tief bewahrt.

Am Freitagabend hat er dann seinen Teewagen genommen, neben seinen Couchtisch geschoben, ein paar von diesen Gegenständen, die gerade zu ihm „sprachen", auf Wagen und Tisch platziert. Dann hat er eine große Kerze für sich als „Erwachsenen" angezündet, sich eine Kanne grünen Tee mit Zitrone gekocht. Er hat eine CD aufgelegt: „Bilder einer Ausstellung" - es war schon immer eines seiner klassischen Lieblingswerke. Er entzündete noch einige Teekerzen, eine für seinen vierjährigen Straßenbahnfahrer, natürlich auch eine für den kleinen Kerl, der am Vortag in ihm eine „Wiedergeburt" erlebt hatte und einige mehr, für alle seine inneren Kinder, die gerade in ihm mitfeiern wollten. Sie haben es sich bequem gemacht und Tee getrunken, Mandarinen gegessen und Musik gehört. In der Runde mit den Figuren und seinen

„Kerzenkindern" haben alle zusammen ihren Geburtstag gefeiert. Ab und zu liefen wieder ein paar Tränen, aber es waren Freudentränen: Sie waren endlich glücklich und vereint.

Plötzlich konnte Pedro auch die Figuren zuordnen, jede stand für einen Anteil in ihm. Der Plüsch-Floh mit zugenähtem Mund stand für die damalige Fassungs- und Sprachlosigkeit seiner inneren Kinder. Der grimmige neuseeländische Holzdrache wurde zu ihrer Wut. Die lang ausgestreckt liegende knallbunte Plüsch-Ente war die Fähigkeit von ihnen, trotz laufender Stürze immer wieder aufzustehen und dabei ihre Buntheit nicht zu verlieren. Der handgesägte Holz-Elch mit dem reitenden grünen Frosch war ihre Neugier und ihre Risikobereitschaft, immer wieder neue Dinge zu entdecken. Der lächelnde, stirnrunzelnde Stein stand für Hoffnung und Melancholie und die geschnitzte, aus dem Wurzelholz hervorkriechende kleine Echse wurde zur Fähigkeit, trotz mancher Quälerei ein Stück neues Leben entstehen zu lassen.

Die Musik passte. Pedro hat für sich beschlossen, den Zyklus von Mussorgsky jetzt nicht mehr „Bilder einer Ausstellung", sondern „Bilder seines Lebens" zu nennen..

Und Pedro weiß, er wird in Zukunft auf diese, seine Weise, öfters Geburtstag feiern.

Kind in mir

Ich will dich trösten,
dich, der du nicht sein durftest,
was du warst:
ein Kind.
Verlorene Zeit, Liebe nie gekannt.
In Wahrheit nicht wahrgenommen.
Bist gelebt worden,
ohne gelebt zu haben.
Bist immer noch da,
hast dich kleingemacht.
Lass dich trösten,
Kind in mir!

Kiel

Pedro sitzt im IC und schaut zum Fenster hinaus, erfüllt von tiefem Frieden, Vorfreude und auch Trauer. Blauer Himmel, ein paar weiße Schäfchenwolken, am linken Zugfenster flog soeben die alte Windmühle vorbei, nun ist es nicht mehr weit. Bald wird vor dem Zug der Bahnhof auftauchen und rechts die ersten großen Schiffe: - zum letzten Mal. Pedros Gedanken wandern zurück zu dem Tag, an dem er zum ersten Mal nach Kiel kam.

Es war die Zeit, als er eine der größten Katastrophen seines Lebens zu durchleben hatte, es muss um 2010 herum gewesen sein. Seine Ehe war vor ungefähr einem halben Jahr auf sein Betreiben hin geschieden worden, nachdem er bereits zwei Jahre in Trennung gelebt hatte.

Pedros gesamtes soziales Umfeld und seine Beschäftigung hatte sich in der letzten Zeit immer mehr auf eine Kirchengemeinde konzentriert. Er war im Kirchenvorstand, leitete den Kirchenchor, spielte Gitarre und sang im Gospelchor mit. Am glücklichsten aber war er, wenn er mit Kindern zusammen arbeiten konnte. Zwei kleine Kinderchöre, Flötenunterricht, die Gestaltung von Familiengottesdiensten, selbstgeschriebene Kindermusicals und Krippenspiele waren die Dinge, die ihm lagen und sehr viel Freude bereiteten. Er war sich seiner Grenzen als Pädophiler immer bewusst gewesen und hielt diese auch sehr genau ein.

Es gab im Hintergrund einen Pastor, der um seine

Veranlagung wusste. Pedro selbst achtete darauf, nie mit einzelnen Kindern in Räumen allein zu sein. Inzwischen kannte er sich in seiner eigenen Gefühlswelt ausreichend genug aus. Er spürte es sofort, wenn sich „unreine" oder „sexuelle" Gedanken meldeten. Seit er mit den Kindern arbeiten konnte, hatte sich seine „innere pädophile Welt" sogar in positiver Weise verändert. Da diese „Pedo-Welt" nur auf der Phantasie-Ebene funktionierte, wurde sie von der real erlebbaren Welt der Kinder fortlaufend „korrigiert". Denn Pedro konnte ganz praktisch erleben, dass seine kranke pädophile Erwachsenenphantasiewelt in keiner Weise etwas mit den realen Wünschen und Erwartungen von Kindern zu tun hatte. Abschließend kann er also auch aus heutiger Sicht sagen, dass es nie eine potentielle Gefährdung der Kinder gegeben hat. Zu diesem Zeitpunkt hätte er sich lieber selbst in die Psychiatrie einweisen lassen, als in irgendeiner Weise übergriffig zu werden.

Es war eine der glücklichsten Zeiten seines Lebens. Pedro konnte so seine eigenen Kind-gebliebenen Anteile zumindest zum Teil ausleben und sogar einige Dinge „nachholen", die er sich als Kind gewünscht hätte.

Dann kam der radikale Bruch, den Pedro letztlich selbst ausgelöst hatte. Er erzählte seinem langjährigen „Betreuer" der ARGE von seinen Neigungen. Er hatte dies getan, da er ja immer wieder therapeutische Hilfe in Anspruch nahm und es satt hatte, immer wieder „um den heißen Brei" herumreden zu müssen. Dieser Beamte bekam Angst, es könnte etwas passieren und sprach mit seinem Chef darüber. So bekam Pedro die Auflage, sich im Kirchenvorstand selbst zu outen, sonst würde die ARGE dies tun.

Erst kurz zuvor hatte sich ein Sozialarbeiter das Leben genommen, nachdem in der Grundschule, in der er arbeitete, bekannt geworden war, dass er pädophil veranlagt war.

Pedro reagierte auf die Forderung der ARGE, indem er mit der damaligen Pastorin dieser Gemeinde sprach. Er legte mit sofortiger Wirkung alle „Ämter" und Aufgaben „aus gesundheitlichen Gründen" nieder, um einen erneuten Skandal zu vermeiden. Damit verlor er aber schlagartig fast sein gesamtes soziales Umfeld und da er ja langzeitarbeitslos war auch seine „Beschäftigung". Er befand sich psychisch und auch physisch am Rande eines riesigen Abgrunds, nah des Suizids und ließ sich schließlich auf Anraten in die Psychiatrie einweisen. Er wurde dort zwar ruhiggestellt, doch einen gangbaren Weg, eine Perspektive, fand er auch in der sich anschließenden stationären Therapie nicht.

Den ersten wirklichen Lichtblick entdeckte Pedro im Internet, als er zum ersten Mal auf die Seite „Schicksal und Herausforderung" stieß. Auf dieser Seite fand er Fakten zum Thema Pädophilie und Berichte von selbst Betroffenen. Was ihn vor allem gefiel: Die Betreiber dieser Seite bekannten sich zu der Haltung, die auch Pedro immer vertreten hatte

- seine Neigungen nie ausleben zu wollen. Über diese Seite fand er auch das Projekt: „Kein Täter werden". Er nahm telefonischen Kontakt zum Kieler Projekt auf und bekam ziemlich schnell einen Termin dort. Das Fahrgeld wurde für ihn als Hartz IV-Empfänger zum Problem, da die Krankenkasse sich weigerte, dieses zu übernehmen. Freunde, die ihn auch von seiner Kinderarbeit her kannten halfen ihm schließlich und so wurde ihm das anfallende Fahrgeld über die Jahre hinweg von einem Diakonieverein zurückerstattet.

Die erste Reise nach Kiel wird Pedro nie vergessen. Er hatte auf dem Hamburger Hauptbahnhof übernachten müssen, um pünktlich zum vereinbarten Termin auf dem Universitätsgelände in Kiel erscheinen zu können. Eine Sekretärin öffnete ihm lächelnd. Pedro hatte von Anfang an das Gefühl, von ihr als Mensch und nicht als Pädophiler wahrgenommen zu werden. Diese Erfahrung wiederholte sich immer wieder in den viereinhalb Jahren seiner monatlichen Besuche in Kiel. Besonders vorteilhaft an seiner Therapie dort erwies sich, dass sie als Einzeltherapie lief und er die ganze Zeit über den selben Therapeuten behielt.

Wie soll sich ein Außenstehender diese Therapie vorstellen? Pedros Termin begann meist um 13.00 Uhr, gegen 15.00 Uhr verließ er das Gebäude wieder. Dazwischen Gespräche über gestern, heute und morgen, manchmal Tränen der Trauer, des Schmerzes aber auch der Freude und des Lachens. Pedro schrieb wieder Tagebuch, manchmal wurde *das* ein Thema. Er bestimmte fast immer selbst, *was* zum Thema wurde, schrieb vorher im Zug kleine Spickzettel, damit er auch nichts Wichtiges vergaß. Was es Pedro leichter machte, sich auf ein tiefes Vertrauen einzulassen: Sein Therapeut begegnete ihm *immer* als *Mensch* und erzählte auch manchmal Dinge aus seinem Leben. Mehr und mehr verschwand in diesem Umfeld Pedros Angst, sich einem Menschen gegenüber verbal völlig zu öffnen und ihm ganz zu vertrauen. Das erste Mal in seinem Leben. Diese durchgehend positive Erfahrung in dieser Kieler Praxis veränderte Pedro nachhaltig. Pedro wird immer ein Mensch bleiben, der sich verhältnismäßig zurückhaltend verhält. Aber er wird nie wieder zu dem total verschlossenen Alien werden können, das er früher einmal war.

Pedro muss nun zum voraussichtlich letzten Mal hier in Kiel den Zug verlassen. Er hat noch Zeit bis 13.00 Uhr. Wenn er die Rolltreppe hinunterfährt, wird die ältere Frau ihn wieder anlächeln, wenn sie ihn entdeckt hat. Denn sie weiß genau, dass Pedro ihr immer den „Hempel", die Obdachlosenzeitung von Kiel, abkauft und gut Trinkgeld gibt. Er wird die Einkaufsstraße in Richtung Uniklinikum entlang gehen. Er wird sich einen Stehkaffee und eine Bratwurst gönnen und den Straßenmusikern zuhören.

Es ist und wird ein Abschied von einem Menschen und von einem Ort, der Pedro garantiert nicht leicht fallen wird, dazu verbindet er zu viel mit beiden.

Freiheit erfahren durch Teilen und Mitteilen, diese Erfahrung ist ihm als großes Geschenk aus Kiel geblieben.

Ps. Anfang diesen Jahres wurde Pedro von seinem damaligen Therapeuten angerufen, der sich erkundigte, wie es ihm so geht und sie haben sich gut unterhalten.

Kastration

Pedro geht es schon seit einiger Zeit nicht gut. Er sieht die Ursache durchaus auch in der Einnahme der Kastrationsmedikamente.

Das Androkur hatte bei ihm so gut wie keine Auswirkungen gezeigt, das Mittel davor hat ihn „dauergeil" gemacht, also eigentlich das Gegenteil von dem erreicht, was es bringen sollte. Die derzeitige Spritze bewirkt „massive" Nebenwirkungen: Er ist dauermüde, depressiv, schläft viel mehr und muss sich zwingen, aus dem Haus zu gehen, wenn keine Aufgaben anliegen. „Normale" Menschen kotzen ihn an, er versucht ihnen aus dem Weg zu gehen. Er grübelt viel, das Schreiben ist *sein* Versuch, da „wieder 'raus zu kommen". Sein Wärmehaushalt hat sich verändert. Er fühlt sich, als wäre er in den Wechseljahren mit Hitzewellen. Des öfteren friert er schnell, das kannte er *so* vorher nicht. Pedro wirkt „ausgetrocknet", er muss sehr viel trinken. Es melden sich die inneren Organe (Leber, Nieren, Magen, Darm). Er hat wieder viel „Reißen" in den Knochen und auch verstärkt Kopfschmerzen. Sein Schmerzmittelverbrauch ist um das vielfache gestiegen. Kurzzeitiges Hoden-Stechen kommt dazu. Sein Allgemeinzustand hat sich verschlechtert. Er fühlt sich als alter Mann. Sicher spielen da auch psychische Ursachen mit, denn schließlich hat er sich ja freiwillig die „Eier abschneiden" lassen, und irgendwo steckt auch in ihm das alte Klischee vom „potenten Mann".

Der ganze Vorgang fühlt sich erst einmal als Totalniederlage an. Das ist Kapitulation. Das kennt er schon gut vom Alkoholentzug. Es ist dieses Loslassen-müssen von alten, jahrzehntelangen Bewältigungsstrategien als einem Teil seines bisherigen Gefühlslebens. Pedro hofft, es wird irgendwann besser. Was ihm Hoffnung macht, ist das Trauergefühl, mit für ihn sehr vielen Tränen und dass das, was ja eigentlich Ziel der ganzen Aktion für ihn war, nun eingetreten ist. Er sieht in einigen Dingen klarer, hat Erklärungen für sich und für sein „Sosein" gefunden. Ob die nun immer der Realität entsprechen, ist ihm inzwischen scheißegal, er will ja keinen Schuldigen finden, nur besser mit sich selbst leben können. Er hat das Gefühl, er verändert sich, in was auch immer. Aber ohne dieses Gefühl will er auf Dauer auch nicht leben, er war schon immer auf „ewiger Wanderschaft". Es werden sich Beziehungen verändern und auch zu Bruch gehen, weil eben manche Menschen *ihn* nicht (mehr) verstehen können oder er versteht *sie* nicht mehr. Es werden neue Beziehungen entstehen, er wird neue interessante Leute kennenlernen.

Lustig findet Pedro an der ganzen Geschichte, dass, zumindest bisher, fast die gesamte Pharmaindustrie bis zur Spritze seinen „kleinen Gesellen" da unten nicht platt gekriegt hat. Zeugungsunfähig wird er inzwischen wohl sein, da ist er sich ziemlich sicher. Er ist wieder bei trockenen Orgasmen angekommen, also dort, wo er als Kind schon mal war. Es bestätigt eine seiner Erklärungstheorien, das seine Phantasien nur zweitrangig mit seinen Teilen da unten zu tun haben. Selbst wenn er Unterkörper-amputiert wäre, so glaubt er, würden sie weiterlaufen und sein Belohnungssystem aktivieren. Das Ganze macht ihm noch zusätzlich deutlich, das die (meisten) Menschen nur die „Schlauen" spielen und von den wirklichen gesamtheitlichen Vorgängen und Zusammenhängen im Menschen keinen blassen Schimmer haben. Sie stochern als Blinde im Körper- und Seelenmoor herum und freuen sich wie die Schneekönige, wenn sie mal ein brauchbares Bröckchen finden können. Dann werden sie zum „Spezialisten", das ist ja auch seine Erfahrung aus seiner Zeit als Pfleger in der akuten Psychiatrie. An den Symptomen wird herumgedoktert, an die wirklichen Ursachen traut sich kaum einer heran, das wäre auch viel zu aufwendig. Dieser Aufwand lohnt sich natürlich nicht, besonders für „abartige Monster".

Pedro will nun lernen und muss es auch: Ohne Sexualität zu leben, ohne seine „perversen Bilder", ohne körperliche Nähe und Zärtlichkeit, ohne …

Gabe

Pedro sitzt im Garten seines Bruders und lässt sich die Sonne auf seinen Bauch scheinen. Dieses Stück Welt ist zu einer Oase für ihn geworden. Die Landschaft, die vielen Gespräche, die Zeit, die sie sich hier gönnen und schenken, zwei-, dreimal im Jahr für zwei Wochen. Er hat das Gefühl, dass diese Zeit allen Beteiligten gut tut, er spürt Glück in sich, er gehört zu den Beschenkten, - so war es eigentlich schon immer, ohne dass es ihm früher bewusst war.

Hier, in seiner einstigen Heimat, kann seine Vergangenheit oft auch endlich zu seiner Geschichte werden. Viele seiner „Charaktereigenschaften", die früher dazu beitrugen, sein Leben, ihn und sein Umfeld zu zerstören, die er als Fluch für sich empfand und einordnete, tragen heute ein positives Vorzeichen.

Sein, Pedros Genesungsweg begann mit dem Erkennen eines einzelnen Anteils (der Person Alwin) in sich, den er dann irgendwann auch akzeptieren konnte. Während des Annehmens im Laufe der Jahre fanden mehrere „Brillenwechsel" statt, Verschiebungen von negativen zu positiven Sichtweisen. Nur so wurde es für Pedro möglich, dass Fluch zum Segen werden konnte. Dies wiederholte sich in ähnlicher Weise mit jedem neu entdeckten Anteil (jeder Person) in sich. Aus scheinbaren „Behinderungen" wurden so in vielerlei Hinsicht im Laufe der Zeit Gaben. Er ist, zumindest was sein eigenes Leben betrifft, vom Pessimisten zum Optimisten geworden. *Sein Weg* ist noch nicht zu Ende, die Chance weiterer Veränderungen bleibt ihm also auch in Zukunft erhalten.

Es brauchte alles seine Zeit, oft viel Zeit, Pedro musste Geduld und Barmherzigkeit auch sich selbst gegenüber erst lernen. Es war nicht leicht, doch es hat sich wirklich gelohnt. Das freie Leben, das er heute lebt, möchte er nicht mehr missen. Dazu gehört auch die unerlässliche innere Freiheit, sich von den Maßstäben, Ansichten und Erwartungen anderer Menschen zu lösen. Das gilt im Besonderen auch für seine eigenen erhöhten und unrealistischen Ansprüche an sich und an das Leben im Allgemeinen, natürlich auch für seine unerfüllbaren Wünsche, Sehnsüchte und „Nachholversuche". Das Gelassenheitsgebet mittelalterlicher Mystiker betrifft alle Bereiche in Pedros Dasein: „Gott gebe mir die Gelassenheit, Dinge hinzunehmen, die ich nicht ändern kann, den Mut Dinge zu ändern, die ich ändern kann und die Weisheit, das Eine vom Anderen zu unterscheiden."

Besonders wichtig war dieser ganze Prozess und Pedros neue Einstellung in Bezug auf seinen pädophilen Anteil. Wie sonst könnte er heute endlich sein Leben genießen, Frieden mit sich schließen und Glück empfinden, wenn er nicht diesen *seinen Weg* auch auf *diesem* Gebiet gegangen wäre? Er kann sich noch heute genau daran erinnern, als er es im Rahmen seiner Therapie in Kiel nach vielen Monaten auszusprechen wagte: „Ich bin gern pädophil." Der Therapeut gab ihm daraufhin die Hand und sagte zu ihm: „Herzlichen Glückwunsch, endlich!". Es gab und gibt für Pedro nur diesen *einen*, *seinen* Weg. Für andere Menschen mag das vielleicht auch anders sein. Er geht inzwischen verhältnismäßig offen mit diesem Thema um und ist schon öfters von „Eingeweihten" gefragt worden: „Schämst Du Dich denn nicht dafür, dass Du so bist?" Pedro spricht es dann jedes mal ganz deutlich aus: „Ich bin gern pädophil, ich bin sogar stolz darauf, denn für mich sind all die *positiven* Eigenschaften *daran* entscheidend, ich empfinde es als bereichernde Gabe für mich!". Pedro ist sich völlig bewusst, dass er mit dieser, seiner Auffassung und seiner guten Gefühlslage auf weiter Flur ganz allein steht, sogar in Beziehung auf manch andere Betroffene. Aber er ist längst nicht mehr bereit, diese, seine neu gewonnene Freiheit für die Bestätigung gesellschaftlicher oder persönlicher Vorurteile Anderer aufzugeben.

Pedro sitzt also immer noch im Garten seines Bruders, und die Sonne scheint immer noch auch auf seinen Bauch, den fülligen Bauch eines Pädophilen. Es ist für ihn so in Ordnung. Und gerade so wie es ist, ist das Leben für ihn schön, richtig und lebenswert.

Tanzende Bälle
in leuchtenden Farben:
grün, gelb, blau und rot.
Kinderlachen, hell und fröhlich.
Kleine Geschöpfe wirbeln umher
auf flinken Füßen,
begeistert im Spiel –
hinter dem Zaun...

6. Boldwin, der Borderliner

Weitergehen

Des öfteren erlebt Boldwin „Zustände" der „inneren Leere" oder der „inneren Unruhe", die er bis heute schlecht einordnen kann. Diese „Zustände" sind für ihn schwer auszuhalten, er hat auch oft noch keine Erklärung oder Ursache für ihr Auftreten gefunden. Sie überfallen ihn meist unverhofft und können nach kurzer Zeit wieder vergehen. Manchmal halten sie sich aber auch über Tage und Wochen. Zwar weiß Boldwin vom Kopf her, dass diese Zustände dann irgendwann von selbst wieder gehen. Aber in der Zeit, in der sie auftreten, fühlt er sich machtlos, ihnen ausgeliefert, sie versuchen ihn nach unten zu ziehen. Es ist, als wäre er in seiner inneren Welt festgefahren, in einer Sackgasse gelandet, die keinen Ausweg zulässt. Selbst Gebete, Lesen oder Schreiben scheinen nicht zu helfen. Ein depressives schwarzes Loch beginnt sich zu öffnen.

Er braucht dann dringend einen „Tapetenwechsel", andere Reize oder Eindrücke aus der „Außenwelt", einen Blick über seinen eigenen Tellerrand. Wenn er in seiner Wohnung bliebe, würde er dieses schwarze Loch weiter „füttern".

Kurzfristig kann ihm ein Besuch bei und ein Gespräch mit einem Freund helfen oder er geht einen Kaffee in einem der Straßenlokale trinken und beobachtet einfach nur vorbeigehende Leute. Hält sich aber einer dieser „Zustände" doch länger, muss er „ganz raus" und „weiter weg". Ein Landschaftswechsel ist dringend angesagt. Dann greift er auf seinen Jugendherbergsausweis zurück und bucht je nach Finanzlage ein paar Tage irgendwo im Gebirge mit Wald und Wasser oder er besucht seinen Bruder. Dass er das jederzeit kann, ist eine der positiven Seiten seiner langen Arbeitslosigkeit und seines Lebens als später „Junggeselle".

Das ist s*eine* Art, damit umzugehen, denn er hat für sich die Entscheidung getroffen, sich auch in dieser Beziehung nicht seiner scheinbaren Machtlosigkeit und seinem Ohnmachtsgefühl zu überlassen, darin „hängen" zu bleiben oder sich daran selbst „aufzuhängen". Er will und muss trotz oder gerade wegen dieser „inneren Lähmung" einfach weitergehen, in ganz kleinen Schritten zwar, aber weg von dem Sog des schwarzen Lochs. Denn das Loch bedeutet einen weiteren kleinen Tod für ihn. Doch er hat sich, erst einmal nur für *diesen einen Tag,* für 24 Stunden, für das Leben entschieden. Der erste kleine Schritt fällt ihm manchmal sehr schwer. Er ist vielleicht mit seiner Entscheidung zu vergleichen, die er als Alkoholiker auch nach langer Trockenheit letztlich immer wieder neu für sich treffen muss. Er entscheidet sich, das *erste* Glas stehen zu lassen, daran vorbeizugehen. Boldwin muss sich immer wieder und nur für *heute* entscheiden, will *er heute* leben oder will er sich dem Sog in Richtung Tod überlassen? Es entsteht in ihm folgendes Bild: Mit jedem einzelnen kleinen Schritt in die positive Richtung wird auf der Festplatte seines Gehirns ein kleiner Teil seiner alten negativen Erfahrungen und Prägungen positiv überschrieben. Wieder hat er es geschafft, ein kleines Steinchen aus der Mauer seines inneren Gefängnisses herauszubrechen. Diese für ihn wichtigen Erfahrungen prägen weiter seinen Weg in neuer Weise. Die Kraft, die er braucht, um *heute* diesen kleinen Schritt *für sich* gehen zu können, hält Gott immer für ihn bereit, er muss sie nur in Demut in Anspruch nehmen und dann einfach weitergehen.

Glück

Zur Zeit erlebt Boldwin wieder einmal eine Phase, in der er sehr nahe am Wasser gebaut hat. Solche Phasen hatte er in der Vergangenheit schon mehrmals, es sind Zeiten, in denen Erinnerungen (teilweise neue) auftauchen und verarbeitet werden. Früher fand er die Gefühle und Bilder, die er dabei erlebte, oft beängstigend und bedrohlich, weil er dabei die Kontrolle über sich (zumindest scheinbar) verlieren konnte. Heute weiß Boldwin: Sie kommen, bleiben eine Weile, gehen vorüber und bringen ihm ein Stück neue Freiheit und manchmal auch eine neue Sichtweise der Dinge.

In diesen Phasen bricht er oft in Tränen aus, manchmal auch ohne ersichtlichen Grund. Es fühlt sich aber trotzdem irgendwie positiv an, vor allem, wenn er allein zu Hause ist. Er begreift es als etwas, das schon lange heraus wollte und nun endlich heraus kann. Wenn ihm dies in Anwesenheit anderer Leute passiert, schämt er sich auch heute noch, ein Junge heult eben nicht. Doch ist es ihm längst nicht mehr so peinlich wie noch vor ein paar Jahren. Was er in diesen Zeiten aber auch erleben kann: Es überkommen ihn ganz tolle Glücksmomente, in denen er *vor Glück* heulen kann.

Boldwin liebt und sucht oft die Einsamkeit in der Natur. Er freut sich zum Beispiel schon riesig auf nächste Woche, wenn er die ganze Zeit, fast ohne mit irgend jemandem reden zu wollen oder zu müssen, allein auf die Insel fahren kann. Lässt das

Wetter es zu, ist er den ganzen Tag unterwegs, mit einer Thermoskanne voller Kaffee, Wurst, Käse und Brötchen im Rucksack. Zum krönenden Abschluss des Tages geht er dann meist abends in einer Kneipe Tee trinken oder Bratfisch essen. Diese Insel kann er an einem Tag umwandern, sie ist ja nicht groß. Um diese Jahreszeit begegnen ihm kaum noch Menschen. Er sitzt dann oft stundenlang am Strand oder in den Dünen, liest, löst Sudokus, hört einer Windharfe zu. Oder er betrachtet nur das Meer, die Landschaft und die Tiere und ist einfach nur glücklich. Es sind *die* Momente, in denen er mit sich, seinem Körper, seiner Vergangenheit, seinem „so sein, wie er ist", mit der Welt und den anderen Menschen im Einklang befindet, einen ganz tiefen Frieden in sich spürt und die (Glücks-)Tränen rollen lassen kann, wie sie kommen.
 So muss Paradies sein, wenn es das gibt. Es hat auch etwas von seinem „sicheren Ort". Das Gespür für den Wind, der Geruch, die Farben und Formen verändern sich, es wird alles intensiver, als würden die vielen hindernden Filter des „Denkens" wegfallen. Dann fühlt und erlebt sich Boldwin als „gesund" und als „ganz". Er will seine inneren Anteile nie wieder in tiefe Kellerverliese einsperren und verstecken müssen, sie sind *alle* so voller Leben. Die innere Zerrissenheit löst sich im Glücksgefühl auf. Der kleine blonde Kerl, Erwin, Alwin, und Boldwin, Pedro und Gottfried werden zu einer Person in ihm!
Diese Gefühlssprünge sind oft krass. - Na und?

Boldwin will *nur so* leben, *nur so* spürt er, dass er *lebt*. *Nur so* funktioniert es, ohne dass er sich selbst immer wieder verletzt. Ohne dass er das, was er am meisten liebt, immer wieder zerstören muss. Er erlebt nicht nur den Hass in sich, viel lieber will er Liebe leben. Nur so füllt sich die Leere.

Dieses Glücksgefühl kann ihm inzwischen an vielen Orten begegnen: Im Harz, wenn er an der ehemaligen Grenze entlangwandert, beliebig die Länderseiten wechselt. Selbst in seiner Heimatstadt, wenn er wieder ein Stück seiner Vergangenheit entdeckt. Er kann es aber auch in Zusammenhang mit Menschen erleben, aber das ist noch nicht lange so.

Das erste Mal bewusst wahrgenommen hat Boldwin es, als er mit Kindern zusammenarbeiten durfte. Er bemerkte, dass er die Fähigkeit besitzt, Kindern zu helfen, die sich, genau wie er früher, einsam fühlten oder sich schon in ihre Welten zurückgezogen hatten, Hemmungen oder auch schon Verhaltensauffälligkeiten aufwiesen und dann ganz langsam „aufzutauen" begannen, sich plötzlich trauten, vielleicht erst in einer kleinen Gruppe und später ganz allein vor Publikum zu singen oder anderweitig aktiv zu werden. Oder wenn er spüren konnte, dass ihm einzelne Kinder einfach vertrauten, überhaupt keine Angst vor ihm hatten, er könnte sie verletzen. Er hätte es in diesen Momenten auch gar nicht gekonnt, weil dieses Vertrauen viel schöner war, wesentlich schöner als Gewalt oder Sex. Boldwin glaubt, das war auch die erfolgreichste Art, die Gefühle seiner eigenen inneren

Kinder wieder zum Leben zu erwecken. Seine leiblichen und die „fremden" Kinder spiegelten ihm *seine* eigenen wirklichen Bedürfnisse. Er erkannte sie erst *durch sie* und lernte in dieser Zeit wieder selbst Kind zu sein.

Mit fremden Kindern darf und will Boldwin heute nicht mehr intensivere Beziehungen pflegen. Zu groß und zu falsch sind die Vorurteile in diesem Land. Aber Ähnliches konnte er später auch in der Behindertenarbeit erleben.

Behinderte

Wenn Boldwin heute als Kursleiter einen „Erste Hilfekurs" in der Behindertenhilfe abgeschlossen hat, sitzt er meist noch ein paar Minuten allein im Auto und horcht in sich hinein. Mit dieser Arbeit verhält es sich ähnlich wie damals bei der Arbeit mit Kindern. Er bekommt innerhalb kürzester Zeit emotionalen Kontakt zu den „Behinderten", denn ihre emotionale Ebene ist oft auch die seine. Er glaubt, sie spüren ziemlich schnell, dass er einer von ihnen ist. Wenn er sich in der Begrüßungsrunde jeden einzelnen Teilnehmer anschaut, wird ihm klar, dass es wohl keinen unter ihnen gibt, der nicht schon intensives Mobbing an sich selber erlebt hat. Viele sind sicherlich traumatisiert. Er kann fast körperlich ihre Sehnsucht nach Zuwendung und Anerkennung spüren; das riesige Loch, das auch in ihnen ist. Er fühlt die stummen Schreie *ihrer* inneren Kinder, die vielen Verletzungen in *ihrer* Geschichte und er ist plötzlich kein Alien mehr.

Eine der schlimmsten Erfahrungen in der Arbeit mit den Behinderten war und ist für Boldwin: Leider „mobben" sie sich trotzdem auch untereinander.

Er versucht im Kursunterricht viel Raum dafür zu lassen, dass *sie ihre* Erfahrungen mit den einzelnen Notfällen und Erkrankungen mitteilen. Sie sind ja meist viel mehr praktische Experten als er mit seinem oft nur theoretisch angelernten Wissen. Wenn er fragt, wer schon einmal einen epileptischen Anfall beobachtet oder selbst durchleben musste, fliegen fast immer die Hälfte aller Hände nach oben und sie fangen an zu erzählen...

In diesen Kursen leidet er immer unter Zeitmangel, anders als in den „Normalkursen", die er meist zwei bis drei Stunden eher beenden muss, weil schon alles Notwendige gesagt wurde.

Was ist Glück? Am letzten Montag hat Boldwin in einem seiner Kurse wieder Glück erlebt. Eine „quallige" Frau Mitte 30 saß mit in der Runde, völlig lustlos, in sich zusammengefallen und spätestens nach einer halben Stunde war ihm klar, sie war das „Gruppenschwein", ohne das wohl keine menschliche Gruppe auskommt. Einige der „Behinderten" versuchten diese Frau immer wieder unter Druck zu setzen. In der Pause sagten sie Boldwin, *sie* hätte überhaupt keine Lust zu diesem Kurs, *sie* sei nur zu faul zum Arbeiten. Er ist immer drei Montagvormittage in der gleichen Gruppe, dann beginnt der nächste Kurs.

Am ersten Montag verweigerte diese „quallige" Frau jede praktische Übung.

Am zweiten Montag konnte Boldwin sie zur Herzdruckmassage „überreden", sie sah dabei immer wieder verängstigt in die Runde. Er klopfte ihr nach dieser Übung auf ihre Schulter und sagte ihr, dass er spüren konnte, sie habe sich viel Mühe gegeben.

Am dritten Montag suchte Boldwin wieder einmal einen „Verletzten" zum Vorführen einer Übung. Er bat um einen Freiwilligen aus der Runde. Jemanden dafür zu finden ist bei *diesen* Teilnehmern eigentlich nie ein Problem. Es meldete sich auch diese Frau, die er nun dafür auswählte. Das „Theaterspielen" machte ihr sichtlich Spaß.

Am Schluss des Kurses gab Boldwin dann unter dem Beifall aller Beteiligten jedem Einzelnen seine Teilnahmebescheinigung. Als alle ihren Schein hatten, verabschiedete er sich und bedankte sich für die rege Mitarbeit. Er bedankte sich diesmal in der Runde noch einmal extra bei dieser Frau, dass sie ihm an diesem Tag so toll geholfen hatte. Boldwin glaubt nicht, das die anderen sie schon einmal so strahlend gesehen haben, als sie den Raum verließ. Sie hatte große glückliche Augen, hielt ihren Schein fest in der Hand und ihr Gang war aufrecht.

Solch ein Erlebnis ist auch Glück, es macht Boldwin sehr glücklich. Und er kann sehr viel von den sogenannten „Behinderten" lernen, besonders in Bezug auf sein „Menschsein", viel mehr, als von den „Normalis"!

Juist

1. Tag

Endlich ist er auf der Insel. Boldwin sitzt in einem Cafe auf einem der Aussichtspunkte, hat gerade eine heiße Waffel gegessen und zwei Pott Kaffee getrunken. Bei diesem Wetter ist es toll. Es ist zwar kalt, aber die Nachmittagssonne scheint vom blauen Himmel. Vor ihm weht das Dünengras im Wind, dahinter liegen die Sanddornbüsche, dann der Strand, die Wellen. Es ist heute etwas diesig über dem Wasser, vor dem Horizont ein paar Fischerboote....

Er ist glücklich. Genau *so* hat er es sich oft gewünscht: Die Insel und er mit sich. Er trifft bei seinen Spaziergängen kaum noch Touristen, die meisten Faschingsflüchtlinge befinden sich schon auf der Rückfähre oder fahren spätestens morgen früh. Die Ruhe ist herrlich. Boldwin hört fast nur Naturgeräusche, Wellenrauschen und das Gekreische der Möwen und nur ab und zu stört ein Flugzeug.

Seit er endlich mit über 50 Jahren den Mut gefunden und angefangen hat, sich Menschen gegenüber zu öffnen und ihnen von „*seinen inneren Welten*" zu erzählen, gibt er es immer mehr auf, nur auf seinen Verstand zu hören und sich Dinge erklären zu wollen, die in ihm *eben nun mal so* ablaufen oder in der Vergangenheit *eben nun mal so* abgelaufen sind.

Er sucht nach wie vor nach Erklärungen, aber vieles widerspricht zumindest scheinbar irgendeiner intelligent klingenden Deutung. Wieso hat zum Beispiel *diese* Insel für ihn von Anfang an eine besondere Bedeutung? So lange kennt er sie ja noch gar nicht, und Boldwin war auch schon auf etlichen anderen Inseln! Juist ist immer wie eine „Reise in sich selbst".

In den letzten Wochen hatte er ganz häufig das Gefühl, endlich „heil" in seiner Seele zu werden. Juist lässt ihn aber auch deutlich spüren, dass es zwar sehr schön ist, einsam über eine Insel zu wandern, die Stille zu genießen, sie einfach nur in sich „aufzunehmen" und die Natur auf sich wirken zu lassen. Aber wenn er nicht jeden Tag irgendwo in ein Cafe oder eine Kneipe einkehren und nicht hin und wieder anderen Menschen begegnen könnte, würde ihm etwas Wichtiges fehlen. Seit er weiß, dass an seinem „*inneren sicheren Ort*" nur seine eigenen Anteile einen Platz haben, ist es dort für ihn auch sehr einsam geworden.

2. Tag

Boldwin sitzt auf der Nordseite der Insel, etwa gegenüber dem südseitigem Flugplatz, unterhalb der Dünen am Strand, das Meer hört er gerade noch rauschen. Der Wind weht an dieser Stelle verhältnismäßig schwach. Leute trifft er hier fast gar nicht mehr. Er fühlt sich nach dem langen anstrengenden Spaziergang *gegen* den Wind zwar körperlich irgendwie schlapp, dafür seelisch aber um so besser.

Es ist für ihn so schön auf dieser Insel sein zu können! Er hat hier inzwischen viele „Lieblingstellen". Er erlebt sehr oft Momente des Friedens und findet auch Zugang zu seinen eigenen Gefühlen.

Er ist an der Ostwende des Wanderweges angelangt, der Kalfamer liegt vor ihm. Früher war hier nur eine Holzbank. Er war in den letzten Jahren im Frühjahr oder am Winterende fast immer für ein paar Tage auf Juist. Im letzten Winter wurde hier eine kleine Aussichtsplattform mit einer Schutzhütte aus Holz errichtet. Er findet, ein guter Kompromiss in Richtung Tourismus. Boldwin setzt sich in den Windschatten, die Mittagssonne brennt schon richtig. Links vor ihm liegt Norderney in der Sonne, der Betonmoloch der Ostfriesischen Inseln (die Norderneyer mögen ihm verzeihen). Dann kommen die Hügel des Kalfamer direkt vor ihm. Gleich rechts daneben kann er das Festland sehen: Windpark an Windpark aufgereiht. Dann kommt Norddeich und wieder Windpark an Windpark. Er hört das Vogelgezwitscher, entferntes Meeresrauschen - und doch dringen selbst bis hierher Maschinengeräusche, vielleicht von einem Motorboot irgendwo. Wie der Mensch doch alles verändert hat!

Vorhin begegnete ihm ein Pärchen. Plötzlich klingelte laut ein Handy. Er fand es störend und unpassend in dieser Landschaft. Ihm kommt die heutige Welt der Erwachsenen und auch schon die der Kinder immer verrückter vor.

Er hatte überlegt, noch weiter auf den Kalfamer zu gehen, das Vogelschutzgebiet ist ja um diese Jahreszeit noch offen für Touristen. Er hatte sich aber dann doch dagegen entschieden. Boldwin war im Vorjahr dort. Er war ja auch zum Schreiben und Lesen hierhergekommen. Er will nachher auf der Wilhelmshöhe noch einen Kaffee trinken und anschließend die Windharfe besuchen.

3. Tag

Boldwin hat sich heute um die Mittagszeit mit einem einheimischen Freund getroffen. Sie sind mit dem Fahrrad zur Domäne Bill gefahren. Sie haben dort leckeren Linsen- und Erbseneintopf mit Würstchen gegessen. Es war eine sehr schöne Zeit. Um 13.00 Uhr sind sie wieder zurückgefahren. Sie haben sich beim Essen und dem anschließenden, obligatorischen Ostfriesentee sehr intensiv unterhalten. Sein Freund hat ihm von *seinem* vergangenen Leben auf der Insel erzählt und Boldwin ihm von seinem besonderen Verhältnis zu Juist. Sie kamen dann auch auf das Thema Tod und Suizid zu sprechen. Der Freund erzählte ihm dann, dass er früher in diese Richtung auch schon Probleme hatte (erste unglückliche Liebe).

Wieder im Dorf angekommen, hatte Boldwin etwas geschlafen und ist anschließend am Strand entlang zur Wilhelmshöhe gegangen. Dort hat er Kaffee getrunken. Man kann von oben beide Seiten vom Meer sehen und die halbe Insel in Richtung Osten überblicken. Er hat fast eine Stunde lang schweigend den Anblick genossen. Dann ist er über den Dünenweg zu einer seiner Lieblingsbänke gegangen. Boldwin hat keinerlei Ahnung von Vögeln, versucht aber oft die *Anzahl* der verschiedenen Arten aus dem Gemisch der vielen Melodien herauszuhören. Später saß er noch an der Windharfe. Es kam ihm vor, als wenn ihm seine inneren Kinder ein Lied vorsängen. Manchmal hat er schon versucht, im Obertonbereich mitzusingen, natürlich nur, wenn keiner in der Nähe war. Den Sonnenuntergang vor sich, war er erst gegen 19.00 Uhr wieder in der Ferienwohnung.

4. Tag

Heute wird Boldwin am Strand entlang in Richtung Bill laufen. Die letzte Sturmflut hat dort 10 Meter Dünen abgetragen. Auf dem Rückweg wird er am Hammersee wieder lesen und auch schreiben. Ihm fällt das lange Laufen inzwischen sichtlich schwerer, bis zur Westkante der Insel wird er wahrscheinlich gar nicht erst wandern. Er liebt auch den Binnensee und die dortige Jagdhütte. Boldwin hofft, vielleicht doch noch Orte zu finden, an denen wenigstens zeitweise kein von Menschen verursachter Lärm zu hören ist.

Die Welt wird immer lauter und lauter für ihn und er mag so gern die „reinen Naturgeräusche", sie fallen direkt in ihn und er muss sie nicht erst herausfiltern.

5. Tag

Irgendwie ist alles diesmal für ihn wie ein Abschied, er verspürt einen inneren Drang, alle Lieblingsorte auf der Insel noch einmal zu besuchen. Für Boldwin gibt es zwei mögliche Erklärungen dafür: Entweder ist es ein symbolisches Abschiednehmen von seiner Vergangenheit oder von seiner bisherigen Art zu leben. Wenn die Fähre am Sonntag Juist mit ihm wieder verlässt, wird er an Deck stehen. Das Schiff wird noch einmal parallel die gesamte Osthälfte der Insel entlangfahren, bevor sie in Richtung Festland abbiegt. Boldwin wird ein paar Tränen des Abschieds verlieren und sich wie immer fragen, ob er wohl noch einmal hierher zurückkommen kann. Er könnte nie auf Juist leben, Boldwin würde beizeiten einen „Inselkoller" bekommen. Und trotzdem bleibt und ist diese Insel für ihn ein Spiegel seiner Seele.

*Ein Junge weint nicht —
so hat man mich gelehrt.
Tränen, tief verborgen, versiegelt.*

*Doch das Meer birgt Tausende -
geweint und ungeweint,
wertvoll jede einzelne.*

Und ich weine.

*Brandung netzt mein Gesicht,
        trägt meine Flut hinaus
                in das ewige Spiel.*

Abstürze

Eine lange, fast manische Zeit liegt hinter Boldwin. Sie war schon etwas beängstigend, anomal gut für seine Verhältnisse. Aber er hat für sich beschlossen, diese Zeiten in Zukunft zu genießen, ohne das drohende Damoklesschwert: „Wer hoch steigt, fällt auch tief." Die Angst vor diesem Spruch (die Angst vor der Angst) hat ihn in seiner Vergangenheit zu oft daran gehindert, diese positiven Zeiten voll auszuleben.

Vorige Woche hat es ihn doch wieder erwischt, ein Absturz wie aus seinem Lebensbilderbuch. Der Auslöser war diesmal wahrscheinlich ein Magen-Darmvirus und nicht einmal ein schlechter. Er hat Boldwin eine ganze Woche lahmgelegt. Er war nur zu Hause und fast nur im Bett. Heute ist der erste Tag, an dem er wieder fähig ist, seine alltäglichen Gedanken, wie sonst üblich, niederzuschreiben.

Er hat wieder alles voll „auskosten" und „auskotzen" müssen. All die destruktiven Gedanken, der „schwarze Tunnelblick" wurden wieder zu *seiner* „Realität", als hätte es nie eine Therapie oder eine Entwicklung in seinem Leben gegeben. Dies sind die wahren „trockenen Rückfälle" für ihn heutzutage.

Die Auslöser können ganz verschieden sein. Körperliche Erkrankungen (wie diesmal), Angriffe auf Boldwins Ego (Ablehnungen, Zurückweisungen, Verletzungen...), wieder neu erlebte Ohnmachtsgefühle, „Zurückkippen" in die eigene Kindheit (er fühlt sich auch körperlich wieder als kleines ohnmächtiges Kind) oder das Beobachten-müssen einer Situation, in der ein fremdes Kind seelisch verletzt wird. Bilder, Filme sind manchmal ebenfalls Auslöser für solche „Abstürze".

Sein Gehirn sagt ihm dann inzwischen automatisch: „Das geht wieder vorbei. Das stehst du auch noch durch. Das hast du schon so oft überstanden, es wird auch wieder besser. Du bist nicht allein"... Aber Boldwin bleibt am Ende nicht viel anderes übrig, als diese Zeit auszuhalten und zu durchleben. Er zieht sich zurück, wie ein verletztes Tier. „Gute" Sprüche wie: „Das ist ja gar nicht so schlimm, bete nur richtig und viel. Gott ist mit dir." helfen ihm dann nicht weiter (Ratschläge sind oft auch Schläge).

Er weiß, diese relativ hohen negativen Gefühlsausschläge ermöglichen auch erst die ebenfalls relativ hohen Ausschläge in die positive Richtung, die er natürlich nicht missen möchte. Deshalb ist Boldwin auch sehr vorsichtig im Umgang mit Psychopharmaka. Als zugedröhnter Zombie durch die Gegend zu schleichen, kann keine Lösung für ihn sein. In langen Krisenzeiten nimmt er diese auch durchaus zeitweise und in gemäßigten Maße zur Unterstützung in Anspruch. Aber das Ziel bleibt, im alltäglichen Leben fast ohne sie auszukommen.

Er ist dabei, langsam zu lernen, diese „Abstürze" zu akzeptieren und nicht mehr als seine Feinde zu sehen, sondern als Auszeiten, die zum Leben dazu gehören. Er wehrt sich immer weniger gegen sie. Manchmal haben sie sogar, natürlich erst im Nachhinein, zu neuen Erkenntnissen oder Sichtweisen geführt. Oder sie machten ihn auf Selbstverletzungen aufmerksam. Das ändert zwar nichts daran, dass sie nach wie vor schwer auszuhalten sind, aber diese „Abstürze" gehören zu den Dingen, die er nun mal nicht ändern kann. Boldwin muss nicht unnötige und unsinnige Kräfte investieren und vergeuden bei dem Versuch, sie zu umgehen oder sie zu bekämpfen. Die Kräfte kann er viel besser an anderer Stelle in zukünftigen, wieder besseren Zeiten einsetzen. Und so will er sich viel lieber, auch diesmal wieder, auf die noch vor ihm liegenden besseren Zeiten konzentrieren.

„ Hab Mut, "
>> sagtest du
„ das geht vorbei ! "

„ Das stehst du durch, "
>> sagtest du
„ das wird wieder besser ! "

„ Du bist nicht allein ! „
>> sagtest du ...
... und gingst vorbei,

hattest nicht den Mut, ein Stück des Weges mit mir zu teilen,
mir beim „Durchstehen" beizustehen
zum „ Besser werden „ ....

... und ließest mich allein.

Psychiatrie

Es ist inzwischen schon ein eindreiviertel Jahr her, dass Boldwin sich bis jetzt zum letzten Mal in die Psychiatrie einweisen ließ und dort fast fünf Monate auf verschiedenen Stationen verbrachte.

Grund dafür war, dass er mehr und mehr von Todesgedanken „überrollt" wurde. Er geriet immer öfter in dissoziative Zustände, in denen er gefühlsmäßig in frühere Erlebnisse und Situationen „zurückkippte". Er verlor zeitweise die Fähigkeit, seine gegenwärtigen emotionalen und körperlichen Reaktionen steuern zu können. Boldwin hatte im Vorfeld der Einweisung in die Psychiatrie zum Beispiel erleben müssen, dass er mit 55 Jahren die Kontrolle über seine Ausscheidungsfunktionen völlig verlor. Er musste für drei Monate Windeln tragen, bis er diese Fähigkeit quasi „wieder-erlernt" hatte.

Boldwin landete nach seiner Einweisung auf der „Halb-geschlossenen". Dort wurden die Türen der Station nur zu bestimmten Zeiten nicht verschlossen und er durfte nach Absprache auch mal spazieren oder einen Kaffee trinken gehen.

Leider hatten die Ärzte ihm auch hier wieder verboten, mit „Mitinsassen" über seine Probleme zu sprechen. Aber das kannte Boldwin schon: Sobald das Wort „Pädophilie" in den letzten Jahren mit ins Spiel kam, wurden die Spielregeln der stationären Therapien für ihn im Vergleich zu den Mitpatienten verändert. Er erlebte das als zusätzliche Ausgrenzung und es verstärkte seine sowieso schon vorhandenen Rückzugstendenzen. Das war der Preis, den *er* wieder einmal für die Ängste und Unzulänglichkeiten des Personals bezahlen musste. Eigentlich hatte er gelernt, damit umzugehen. Doch es fehlte ihm auch die Möglichkeit, ausreichend andere „fachkundige" Gesprächspartner zu finden. Die einzigen Therapien, die ihm diesmal angeboten wurden, war die je Woche fünftägige Ergotherapie mit durchschnittlich ca. 3 Stunden Beschäftigung pro Tag. Er erhielt einmal je Woche für eine dreiviertel Stunde Einzelmusiktherapie. Dazu gab es entsprechend der jeweiligen Personalsituationen gelegentliche Ausflüge in die Umgebung, an denen er teilnahm. Zusätzlich bot man ihm immer wieder noch stärkere Medikamente an und versuchte ihn in der Visite von den „Vorteilen" einer Elektrokrampf-Behandlung zu überzeugen. Man ließ ihn erst in Ruhe, als er ihnen erzählte, dass er früher selbst als Psychiatriepfleger einer geschlossenen Station solche „Heilbehandlungen" an Patienten miterleben „durfte" und sie deshalb strikt ablehnte.

Boldwin steckte in dieser Zeit seines erneuten Aufenthaltes in der Psychiatrie als Patient bis „Unterkante Oberlippe" voller Gedanken, Fragen und Dingen, über die er hätte sprechen können und wollen. Doch in den sechs Wochen auf dieser Station hatte er inklusive Aufnahmegespräch ganze zweieinhalb Stunden Arztgespräch, eine/n Psychologin/en bekam er gar nicht zu Gesicht, obwohl es sie in mehreren Ausgaben in der Klinik und auch auf Station gab. Schuld daran war sicherlich auch der Personalmangel. So blieben Boldwin in dieser Zeit noch ein Gespräch mit einer Schwester der Station, die Gespräche mit der Musiktherapeutin und drei oder vier kurze Gespräche mit einer Arbeitstherapeutin. So wenig, wie in diesen sechs Wochen hatte er schon seit Jahren nicht mehr gesprochen.

In verbaler und emotionaler Hinsicht blieb sein Tagebuch der einzige wirklich verlässliche Partner. Noch aus heutiger Sicht empfindet Boldwin diese Zeit als eine Zeit der Einzelhaft.

Als er am Ende der sechs Wochen wieder einmal vom Stationsarzt in Bezug auf ein geplantes Gespräch versetzt wurde, verlangte Boldwin die Entlassung. Nach Androhung einer Zwangseinweisung von Seiten der Klinik einigten sie sich auf eine Verlegung in eine offene Station. In Bezug auf die Gesprächssituation änderte sich zwar in der nachfolgende restlichen Zeit seines Aufenthaltes nicht viel. So bleibt dieser „Besuch" in einer Psychiatrie für Boldwin hoffentlich der letzte seines Lebens.

Denn eines ist ihm in diesen fast fünf Monaten Psychiatrie endlich klargeworden. Für eine Krisenintervention mag dies in manchen Fällen der richtige Ort sein. Aber wirkliche Hilfe kann und braucht man von dieser Form und Art der Psychiatrie nicht zu erwarten. Er war inzwischen vier Mal stationär in *dieser* Psychiatrie. Die Entwicklung, die diese Einrichtung in der Zwischenzeit genommen hat, kann er nur mit einem dicken Daumen nach unten beschreiben. Und bei den wachsenden Zahlen der Erkrankungen in diese Richtung, weckt auch das *neue* Ängste in ihm.

Visite

Es war bereits Boldwins 12. Aufenthalt in einer stationären Psychotherapie oder Psychiatrie.

Als er hier ankam, sagte man ihm gleich, dass auf den Einzelzimmern keine gegenseitigen Besuche von Patienten gestattet seien, da das Zimmer für einige von ihnen ein Rückzugsort und Schutzraum darstelle. Ihm war sofort klar, dass es auch für ihn so sein würde. Er war sogar froh darüber, solch einen Ort in der ihm noch fremden Umgebung zu haben. Dieses, „sein Zimmer Nr. 360", gab ihm, seinem Körper und seiner Seele ein Gefühl von mehr Sicherheit. Es zog eine zusätzliche Grenze um ihn, schuf ihm eine „Höhle", aus der heraus es ihm vielleicht etwas leichter fallen könnte, Vertrauen aufzubauen und sich ein oder zwei Menschen gegenüber zu öffnen, um ihnen zu zeigen, wie es wirklich in ihm aussah.

Denn Boldwin war in den bereits hinter ihm liegenden Aufnahmegesprächen inzwischen schon klar geworden, dass es in dieser doch verhältnismäßig großen Klinik wieder einmal keinen einzigen Therapeuten, Psychologen oder Arzt geben würde, der sich schon ernsthaft mit dem Problem der Pädophilie beschäftigt hatte: Sie hatten ihm bereits gesagt, dass er ihr erster Patient mit dieser „Erkrankung" war.

Also steckte er wieder einmal in der Rolle eines Versuchskaninchens. Es war wie schon so oft: Er würde wieder selbst sein eigener und einziger Ex-

perte sein müssen.
Nur könnten und würden sie ihre Hilflosigkeit und Unfähigkeit ihm gegenüber nie zugeben.

Als er den Schlüssel für diese Nr. 360 dann schließlich in seiner Hand hielt und das Zimmer hinter sich abgeschlossen hatte, spürte Boldwin in sich wieder ein kleines Stück mehr Hoffnung keimen, dass ihm dieser Aufenthalt nach den letzten erlebten Pleiten wirklich weiterhelfen könnte.
Allerdings nur bis zur ersten Visite.

Von der Hoffnung auf mehr Einzelgespräche hatte er sich schon sehr schnell, nach den ersten drei Tagen hier, verabschieden müssen. Denn in diesen „Einzelgesprächen" saßen ihm immer mindestens zwei Therapeuten, Psychologen oder Ärzte gegenüber. Eine Tatsache, die es ihm zusätzlich sehr schwer machte, seine Emotionen offen zu zeigen. Er fühlte sich „in die Zange genommen", „ihnen unterlegen", er musste immer doppelt wachsam bleiben, sein Vertrauen quasi aufteilen und immer mit doppelten „Unklarheiten" rechnen, die ja dann später auch reichlich entstanden.

Dann war es soweit, die erste Visite: Die Tür zu Boldwins kleinem Zimmer öffnete sich. Hinein strömten ein Chefarzt, ein Oberarzt, eine Oberärztin, die Psychologin (seine „Bezugstherapeutin"), die Stationsschwester und noch eine Schwester, die das Gespräch protokollieren sollte (er würde etwas später auch noch erleben, dass die Zusammensetzung der Leute sich in diesen Visiten ständig ändern würde).

Sechs Leute drängten sich plötzlich in „seinem Zimmer" und erwarteten von ihm Offenheit. Sie übertraten seine ihm zugesicherte „Grenze", drangen ein in „seinen Schutzraum" und erwarteten von ihm, dass er sich vor ihnen allen seelisch entkleiden würde, um sie in seine intimsten und verborgensten Ecken sehen zu lassen. Er fühlte sich in die Ecke gedrängt, sein Zimmer wurde zum Gefängnis, um ihn herum die „Wärter", die die Regeln bestimmten. Oder wie in einer Gerichtssituation, er musste auf das Urteil der Geschworenen warten.

Es geschah wie von alleine, er hatte keine andere Möglichkeit mehr, er „kippte" tief in sich selbst zurück.

Denn es meldeten sich in ihm wieder Gefühle der Verlorenheit und Ohnmacht! Diese Gefühle waren uralt.

Boldwin hatte schon öfters die Erfahrung machen können, dass er in den Therapien am besten klar kam und auch die „Erfolge" größer waren, in denen er als „Partner" und nicht als entmündigtes, zu behandelndes „Ob- oder Subiekt" angesehen wurde.

In diesen Visiten und Therapiesitzungen erlebte er eben gerade dies nicht, andere entschieden *über ihn* und nicht *mit ihm*. Ja, er war wieder einmal emotional tief abgestürzt. Ursachen dafür waren sicherlich auch die hormonellen Nebenwirkungen seiner Kastration und die Beendigung seiner Therapie in Kiel gewesen. Deshalb war Boldwin schließlich in dieser Einrichtung gelandet. Aber warum wurde er hier so behandelt? Wenn er Vorschläge machte oder Einwände äußerte, verhallten diese im Nirgendwo. Er hatte auch schon erlebt, dass er in der Visite von seiner „Bezugstherapeutin" mit einem anderen Patienten verwechselt wurde oder ihm Beschwerden „angedichtet" wurden, die er gar nicht hatte. Eigentlich war dies auch nicht anders zu erwarten gewesen, da ein Großteil der Ärzteschaft und der Psychologen, mit denen Boldwin in dieser Klinik zu tun hatte, einen Migrationshintergrund besaßen und allgemein bekannte deutsche Begriffe teilweise nicht zu ihrem Sprachschatz gehörten.

Er wurde vom ersten Tag des Aufenthaltes mit der Auflage belegt, nicht mit Patienten (auch nicht mit denen seiner eigenen Gesprächsgruppe) über seine pädophilen Neigungen zu reden. Er hatte dies schon mehrmals in anderen Einrichtungen erlebt. Er musste sich damit abfinden und hatte das zum Teil auch gekonnt. Aber wenn Boldwin hier um ein dringendes Gespräch bat und dann erst nach drei Tagen einen Gesprächstermin erhielt, setzte ihn das unter einen immensen zusätzlichen Druck, dass er sich schließlich dazu entschied, sich in der Stationsversammlung vor *allen* Anwesenden als Pädophiler zu outen. Er bekam den Eindruck, dass damit die Mitpatienten weniger ein Problem hatten, als das Personal. Es wurde entschieden, ihn auf eine besonders überwachte Station zu verlegen, auf der er auch den Rest seines Klinikaufenthaltes verblieb.

Boldwins letzter Rest Hoffnung darauf, doch noch Hilfe in dieser Einrichtung zu bekommen, hatte sich inzwischen ganz in Wohlgefallen aufgelöst. Er fühlte sich nun zusätzlich als Verbannter. Er sollte weiter an Gruppengesprächen teilnehmen, ihm wurde aber untersagt, sich in diesen Gesprächen zu seinen eigenen Problemen zu äußern. Er lehnte dies ab. So wurde dieser „Therapieaufenthalt" nach drei Wochen ganz beendet.

Für Boldwin war nun nach den letzten zwei großen „Reinfällen" in Bezug auf Psychiatrie und stationärer Psychotherapie der Zeitpunkt gekommen, zu erkennen, dass ihn diese Therapieformen in Zukunft kaum noch weiterbringen würden. Er konnte zwar nicht ganz für sich ausschließen, dort doch vielleicht irgendwann wieder einmal zu landen. Aber wenn, dann wirklich nur zur akuten Krisenintervention.

Wie sollte es nun weitergehen? Er schrieb zu dieser Zeit intensiv Tagebuch. Im Rahmen einer erneuten Inventur seines Lebens wurden Boldwin weiter die Dinge bewusst, die er angehen musste, die ihn im Laufe seiner „Heilung" immer wieder ein wesentliches Stück „vorangebracht" hatten. Auf diese wollte er in Zukunft sein Augenmerk besonders richten:
- eine für ihn lebbare Tages- und Wochenstruktur,
- eine möglichst breitgefächerte soziale Anbindung,
- bilanzierbare Aufgaben, kurz- und langfristig,

- Möglichkeiten, seine kreative und kindliche Seite auszuleben,
- kleinere und auch größere Höhepunkte im alltäglichen Leben,
- Gesprächspartner, Freunde, die mit seinen „verborgenen" Seiten umgehen konnten,
- Mitstreiter, die mit ihm in den 12 Schritten lebten,
- achtsamer Umgang mit seinen „emotionalen Zuständen" und deren Akzeptanz,
- Pflege seiner spirituellen Beziehung zu Gott,
- Positive Sichtweise auf diese „Welt" und sein Leben,
- eine wachsende Geduld und Gelassenheit im Umgang mit sich selbst und anderen Menschen.

Es war eine verhältnismäßig lange Liste und es würden sich sicherlich noch weitere Punkte finden lassen. Gemäß dem Grundsatz „Worte ohne Taten sind nutzlos!", begann Boldwin bewusst und langfristig mit der Umsetzung dieser Ideen in seinem Leben. Sein heutiger Stand ist:
- Er ist aktiv an Selbsthilfegruppen beteiligt (auch einer, die im 12-Schritte-Programm arbeitet).
- Er ist aktiv in einer evangelischen Gemeinde.
- Er hat eine gute Tages- und Wochenstruktur für sich gefunden, die offen bleibt für Veränderungen, sie beginnt fast jeden Tag mit einer Textlesung, Gebet und schriftlicher „Inventur".
- Er hat eine ambulante Therapie begonnen, um besser mit seinen „Hochs und Tiefs" umgehen zu können.

- Er hat sich einem „Schreibtreff" angeschlossen, mit gelegentlichen öffentlichen Lesungen (dort ist die Idee zu seinem Buch real geworden).
- Er pflegt regelmäßigen Kontakt zu seinen Kindern und Enkeln.
- Er nutzt jede Möglichkeit zu Reisen und Treffen außerhalb seines Wohnortes.

Auch diesmal gäbe es noch weitere Punkte, die Boldwin noch anführen könnte. Mit dieser achtsamen und bewussten Umgestaltung seines Alltags sind sein innerer Friede, seine Geduld, seine Gelassenheit weitergewachsen. Boldwins Leben ist bei Weitem auch heute nicht nur eitel Sonnenschein. Der Schwerpunkt hat sich aber wesentlich zum Positiven verlagert. Die gelegentliche „Krassheit" seiner Gefühle wird und will er behalten, nur durch sie ist und bleibt er eben Boldwin der „Borderliner". Er leidet aber nicht mehr so sehr darunter. Er empfindet sich auch in dieser Hinsicht nicht mehr als krank. Und nur das zählt letztlich.

7. Gottfried, der Glaubende

Anfang

Warum denn nun noch Gott, was hat ER mit dem Ganzen zu tun?

Gottfried kommt aus einem Elternhaus, das mit Religion und Gott nie etwas am Hut hatte. Das erste Mal, dass er sich persönlich damit ernsthaft auseinanderzusetzen begann, war während seiner Alkoholentwöhnungskur. Es steht an anderer Stelle schon geschrieben, dass ihn ein Mitpatient während dieser Therapie ansprach, ob Gottfried nicht Lust dazu hätte, am Freitag mal mit ihm zu einer AGAS-Stunde mitzukommen (ev. AGAS[1] war die DDR-Version des Blauen Kreuzes). Da er sich in der damaligen Situation nach jeder Hilfsmöglichkeit umsah, fragte Gottfried seinen Mitpatienten, was denn das wäre. Dieser erklärte Ihm, dass dies eine Gruppe der Kirche sei, die sich um Alkoholiker kümmern würde. Gottfried sagte zu und sie fuhren gemeinsam dorthin. Sie wurden begrüßt. Ihnen gefiel die respektvolle, menschliche und freundliche Art und Weise, wie die Leute dort mit einander umgingen. Das hatte Gottfried von ihm fremden Menschen nicht erwartet, da er als damaliger Säufer ganz Anderes gewohnt war. Sie begannen gemeinsam die Freitagsstunde regelmäßig zu

---
1 **ev**angelische **A**rbeitsgemeinschaft zur **A**bwehr von **S**uchtgefahren

besuchen. Als ihn beim dritten Besuch dort auch noch ein ihm bis dahin unbekannter älterer Mann persönlich ansprach: „Du bist ja schon zum dritten Mal hier.", war er kurz davor laut loszuheulen. Seit langem hatte *ihn* kein Mensch in so positiver Weise wahrgenommen. Dieses Erlebnis leitete eine Wende in Gottfrieds Leben ein.

Viele ehemalige Trinker erzählten während dieser Freitagsstunden aus ihrem Leben; dass sie lange und teilweise viel extremer als er gesoffen hätten und jetzt die Freiheit vom Alkohol erleben würden - manche von ihnen schon über Jahre und Jahrzehnte. Sie sprachen auch über einen Gott, dass er ihnen dabei helfen würde, trocken zu bleiben. Diesen Leuten dort konnte Gottfried abnehmen, dass sie die (ihre) Wahrheit erzählten. Sie hatten etwas an sich, das er auch gerne gehabt hätte. Er begann darüber nachzudenken und auch nach diesem, ihrem Glauben zu suchen. Er verspürte eine große innere Sehnsucht danach, diesen, „ihren Gott" kennenzulernen, von dem es hieß, er liebe alle Menschen, so wie sie seien, völlig ohne Vorbehalte. Das war etwas, was er so nicht kannte. Es widersprach seinen bis dahin immer wieder gemachten Erfahrungen. Das sollte es geben? Jemand liebt Gottfried so wie er ist? Nicht einmal er selber konnte das damals, ohne große Abstriche zu machen. Doch nach jedem Besuch bei dieser Truppe fühlte er neuen Mut, neue Kraft und neue Hoffnung in sich und allmählich wuchsen, am Anfang noch ganz vorsichtig, kleine Beziehungs- und Vertrauenspflänzchen heran und das Gefühl, endlich zu irgendetwas und zu jemandem zu gehören. Sehr hilfreich war anfänglich, dass inzwischen vier Mann aus der Therapiegruppe jeden Freitag von der Klinik zur Gruppenstunde der AGAS fuhren. So konnten sie sich auch in der Klinik über ihre neuen Erfahrungen austauschen.

Gottfried erlebte eine sehr bewegte Zeit des inneren und äußeren Auf- und Umbruchs. Er ahnte, dass er, wenn er auch nach den 12 Wochen Psychotherapie und dem noch anschließenden halben Jahr als Nachtpatient in dieser Klinik, trocken bleiben wollte, sich an den Menschen der AGAS festhalten musste. Und das tat er dann schließlich auch.

Er erlebte etliche tiefe Krisen, besonders im ersten Jahr seiner beginnenden Trockenheit. Diese konnte er aber mit Hilfe seiner neuen Freunde aus der Klinik, von den AGAS und, wie Gottfried heute weiß, der Kraft von oben einigermaßen gut überstehen. Auf alle Fälle, und das war das Wichtigste: Er musste nicht mehr auf die Flasche zurückgreifen und trinken. Er begann in der Bibel zu lesen und auch zu beten. Nach einem halben Jahr fuhr er zu einer sogenannten „Besinnungswoche". Diese Besinnungswochen fanden zu dieser Zeit regelmäßig statt. Es bedeutete: Einfach in einem kirchlichem Freizeitheim ein paar Tage mit anderen Alkoholikern und einem Betreuungsteam zusammen zu sein und über die Probleme, über Gott, über die Bibel gemeinsam nachzudenken.

Gottfried hatte sich für diese Tage im Vorfeld vorgenommen, auch mit dem Rauchen aufzuhören. Er betete in der Freitagsgruppenstunde: „Wenn es Dich, Gott, wirklich gibt und Du auch an meiner Trockenheit mit beteiligt bist, dann kannst Du mir auch erst recht jetzt dabei helfen, mit dem Rauchen aufzuhören." Er erlebte, dass er von der Stunde des Gebets an nicht mehr rauchen musste und das völlig ohne die bekannten Entzugssymptome. So begann Gott *in ihm* zu einer bewussten Größe *in seinem* Leben zu werden.

Es begann eine Zeit für Gottfried, in der er selbst aktiv an der Alkoholiker-Arbeit teilnahm, mit anderen Mitarbeitern Hausbesuche machte, in einer Gesprächsgruppe mit die Leitung übernahm. Parallel dazu fand er in einer christlichen Gemeinde seinen Platz als Jugendmitarbeiter und so entdeckte er auch seine kreative Seite. Es war eine tolle Zeit, in der sich sehr viel in positiver Weise für ihn änderte. Gottfried fühlte sich endlich als ein von Gott und anderen Menschen geliebtes und gebrauchtes Wesen. Er begann als Hilfspfleger in der Klinik zu arbeiten, in der er vorher als Patient gewesen war und machte nebenbei eine Ausbildung zum Pflegehelfer. Gottfried ließ sich taufen, lernte seine spätere Frau kennen und vieles mehr.

Er lebte zwar ein neues und bewussteres Leben, doch ihm wurde langsam aber sicher immer mehr klar, dass es in seiner Vergangenheit und seinem Innenleben Dinge gab, die nicht mit seinem neuen Leben als Christ vereinbar waren, so sehr er sich auch darum bemühte. Nach vier Jahren Trockenheit konnte Gottfried es sich selbst, Gott und anderen Menschen gegenüber nicht mehr verleugnen: Er war pädophil. In ihm fand ein langer und verzweifelter innerer Krieg statt. Selbst die Heirat und die vielen Gebete um Freiheit auch in dieser Hinsicht und sein Bibelschulbesuch nach der „Wiedervereinigung" konnten daran nichts ändern. Er begann immer verzweifelter nach Hilfe zu suchen, konnte aber lange keine wirkliche finden. Durch diese Tatsache stürzte er in eine tiefe, langanhaltende Krise und das in jeder Hinsicht: In Bezug auf seine Familie, seine Arbeit, seine Beziehungen, seinen Glauben, auf sein Selbstbild. Heute ist ihm klar, er suchte auch in der falschen Richtung.

Gewaltausbrüche, die Angst, seine perversen sexuellen Phantasien könnten zu Übergriffen auf seine eigenen oder fremde Kinder führen, Migräneanfälle, der fast völlige Kontrollverlust, die Instabilität seiner Gefühlswelt und sozialer Rückzug waren die Folge. Gottfrieds Glaube an einen ihn liebenden Gott war Fragen und Anklagen gewichen: „Gott, warum hast Du es eigentlich zugelassen, dass ich so wurde?" Oder: „Hast Du mich vielleicht gar selber so geschaffen? Warum hast Du es nicht verhindert, dass ich überhaupt geboren wurde?"

Zahlreiche ambulante und stationäre Therapien folgten, sie wurden alle zu kleinen Schritten - im Nachhinein gesehen. Von Gottes Begleitung konnte Gottfried im Laufe dieser Jahre kaum etwas spüren. Und doch kann er heute sagen: Gott hat ihn immer gehalten und bewahrt. Er brauchte nicht zu trinken, nicht zu rauchen, es kam auch zu keinen realen pädophilen Übergriffen seinerseits. Gott hat ihn geführt und durch nicht nur *ein* finsteres Tal getragen, von einer Therapie zur nächsten, von einem Seelsorge-Gespräch zum nächsten, durch ein tiefes Loch und das nächste und über noch tiefere. Bis Gottfried dann endlich auch entscheidende, professionelle und menschliche Hilfe fand. Sie führte ihn nach Kiel, zum Projekt: „Kein Täter werden". Die viereinhalb Jahre dauernde Therapie dort brachte ihm eine erneute große Veränderung: Zu dem Entschluss, sich kastrieren zu lassen, ohne eine spürbare Sexualität weiterzuleben. Es war der Beginn einer neuen entscheidenden Wandlung und inneren Freiheit. Gottfried erkannte, dass er seine so lange, vergeblich gesuchte Identität in Gott finden kann. Er konnte dieses riesengroße Geschenk jetzt endlich auch für sich annehmen. Gottfried ist und war es schon immer - ein geliebtes Kind Gottes. Andere Menschen und er selber werden diese Tatsache wahrscheinlich immer wieder einmal anzweifeln. Aber es bleibt trotz all dem eine Tatsache: Gott liebt ihn, als Alkoholiker, als Pädophiler, als Borderliner und auch als Zweifler. *ER will* ihn und gebraucht ihn so, wie er ist. Gottfried kann und will Gott nicht mehr davonlaufen. Er hofft, dass *ER* immer mehr zu einer Basis für sein Leben wird. Heute ist Gottfried, trotz vieler „kleiner Rückfälle" in sein altes Verhalten, ein zufriedener Mensch, der ein „Ja" zu seiner Persönlichkeit und zu seinem derzeitigen Leben gefunden hat. Dafür kann Gottfried nur immer wieder danken, indem er versucht, anderen hilfesuchenden Menschen ein Stück ihres Lebens Begleiter zu sein und indem er sich mit Gottes Hilfe weiter verändern lässt. Und auch dieses Büchlein ist letztlich nur ein Teil dieser Entwicklung.

Neuanfang

Welche Bedeutung hat der Glaube in Gottfrieds heutigem Leben?

Als ersten wichtigen Punkt möchte er betonen, dass er gerade in diesen grundsätzlichen Dingen nur *von* und *für sich* sprechen kann. Seine Vergangenheit hat ihn gelehrt, dass es eine absolute Wahrheit für alle Menschen, solange sie hier auf dieser Erde wohnen, nicht gibt und auch nicht geben kann.

Jeder Mensch hat seine ganz persönliche, einmalige Geschichte, auch seine ganz persönliche, einmalige Geschichte mit Gott - selbst, wenn er behauptet, gar nicht an einen Gott zu glauben. Davon ist Gottfried überzeugt.

Er kann jeden Tag neu *nur für sich* die Entscheidung treffen, an den Gott der Bibel und Jesus Christus zu glauben. Für *ihn* gilt heute diese Aussage von Jesus über sich selbst in der Bibel: „Ich bin der Weg, die Wahrheit und das Leben, keiner kommt zum Vater, denn durch mich." Er ist ein sogenanntes „Gotteskind", das ist für *ihn* gültig. Doch daraus leitet sich für Gottfried in keinerlei Hinsicht das Recht oder gar der Anspruch ab, irgend einen anderen Menschen auf Grund seiner Ansichten, seines Glaubens oder seines Verhaltens zu bewerten, zu *be*urteilen oder gar zu *ver*urteilen. Dieses Geschenk, sich „Kind Gottes" nennen und sich daran festhalten zu können, ist eine reine Gnade von Gott her. Diese Gnade hat Gottfried sich in keiner Weise verdient und er wird dadurch auch kein besserer Mensch. Es gibt ein sehr intimes Verhältnis zwischen Gottfried und Gott. Das eröffnet ihm neue Möglichkeiten, sein Leben neu und besser zu gestalten und Jesu Maßstäbe auf sein Leben zu übertragen. Für ihn gilt nun diese Aussage: „Dir werden alle Dinge zum Guten dienen." Nichts kann ihn mehr aus Gottes Hand reißen, es sei denn er entscheidet sich irgendwann dazu, diese Hand selbst wegzustoßen.

So verändert sich Gottfrieds Leben Stück für Stück. Gott lässt ihn unabhängiger und freier werden in Bezug auf sein Verhältnis zu sich selbst, aber auch in Bezug auf menschliche oder sogenannte christliche Maßstäbe. Seine „Karriere" als Gotteskind verlief alles andere als glatt und er bleibt hier auf Erden ein gefallener und immer wieder neu fallender Sünder. Gottfried kann Jesus um Hilfe beim Aufstehen und Weitergehen bitten und diese Hilfe wird immer spürbarer und notwendiger für ihn. Er ist heilfroh, dass er nicht entscheiden *kann* und *muss*, wer einmal in den oft genannten Himmel kommen wird und wer nicht. Er weiß als Mensch nicht viel über Gott, ER bleibt für ihn unfassbar und unberechenbar, sonst wäre ER nicht allmächtig. Aber Gottfried nimmt im Glauben an, dass Gott die Liebe und in Jesus verkörpert ist. Seinen alter Geist wird langsam durch einen neuen, Gottes Geist, ersetzt. Dieser neue Geist lässt ihn immer demütiger, dankbarer und barmherziger sich selbst und auch anderen Menschen gegenüber werden. Es wird Gottfried mehr und mehr zum Bedürfnis, diese Liebe, die er selbst erfahren hat und jede Minute neu erfährt, an andere weiterzugeben - in dem Maße und der Form, wie es ihm heute möglich ist. Und Gottfried fängt jeden Tag an, seinen „Glauben" neu zu entdecken.

Suchend umherirrend,
   suchend ins Leere greifend,
      weinend wie ein verlorenes Kind,
fand ich keinen Weg.

Kraftlos und ermattet niedersinkend
ohne Trost
wurde ich still

… da hobst Du mich auf,
          trägst mich nach Hause.

Vertrauen

Besonders durch die letzten Besuche bei seinen Eltern ist Gottlieb deutlich geworden, dass die Beziehung zu ihnen seit jeher von Misstrauen geprägt war.

Als kleineres Kind hatte er sicherlich besonders bei seiner Mutter Vertrauen gesucht. Doch durch die Umstände und Enttäuschungen in dieser Hinsicht entstanden im Laufe der Zeit immer dicker werdende Mauern zwischen Gottfrieds Eltern und ihm. Auch das Misstrauen von seiner Seite aus wurde immer größer, da seine Angst vorherrschend war, in Krisensituationen alleingelassen und noch zusätzlich „bestraft" zu werden. Als Kind hatte dies sein Gefühl, nicht richtig zu sein, nicht dazuzugehören (Alien-Gefühl), wieder und wieder bestätigt.

Heute kann er sich zwar sagen, dass dieses Misstrauen *ihrerseits* aus *ihrer* Vergangenheit stammt. Aber verstehen kann er nach wie vor nicht, wie seine Mutter ihrem kleinen Kind von Anfang an gegenüber so eingestellt sein konnte. Angeblich war er doch ihrer Aussage nach ein Wunschkind, selbst wenn er ein Mädchen hätte werden sollen. Er konnte doch nichts dafür, dass er nun mal ein Junge wurde.

Wenn er sich krank fühlte, glaubten Gottfrieds Eltern erst bei Bestätigung durch Ärzte (manchmal in seinem Beisein) oder wenn Fieber festgestellt werden konnte, dass er auch wirklich krank war.

Irgendwann hielt er sich selbst für einen Simulanten, es gab ja auch genügend ungeklärte „Krankheitsvorfälle" in seiner Kindheit und Jugend. Ihm hätten ein paar wenige tröstende oder erklärende Worte sicher gut getan. Stattdessen begegnete ihm Misstrauen und das Gefühl des „Abgelehnt-Werdens". Das Verhalten seiner Eltern hat sich bis heute nicht wesentlich geändert.

Damals durfte, wenn seine Eltern nicht dabei waren, das Wohnzimmer von ihm und seinem Bruder nur begrenzt benutzt werden. Besuche von anderen Kindern war in Abwesenheit von Vater oder Mutter absolut verboten. Obwohl er seinem Vater immer wieder die Funktionsweise des Tonbandgerätes erklären musste, durfte er dieses Gerät viele Jahre nur in seines Vaters Beisein auch selbst benutzen, das Auto der Eltern dürfen ihre Kinder heute noch nicht fahren.

Seine Mutter hat Gottfried einmal gesagt, dass sie ihn schon als Kleinkind nie verstanden habe. Welch ein Wunder! Sie hatte dieses Kennenlernen durch seine „Weggabe" ja auch unmöglich gemacht. Er ist sich aus heutiger Sicht *ihrer* Grundeinstellungen dazu ziemlich sicher: Ihrerseits bestand auch wenig Interesse daran, übermäßig viel Mühe hat sie sich jedenfalls nicht damit gegeben, ihn zu verstehen.

Dieses Misstrauen und die Missbilligung seines Verhaltens ist heute klarer und ersichtlicher denn je. Die Grundmethode seiner Mutter, andere für ihre Belange durch ein von ihr ausgelöstes schlechtes Gewissen und versteckte Vorwürfe zu steuern, funktionieren bei ihm nun endlich nicht mehr wie früher. Neulich fand er in der „Geo" über das Mütter-Thema einen Beitrag einer Frau, die den Satz über *ihre* Mutter prägte: „Diese Frau ist Gift für mich." - Genau das beschreibt sein Gefühl heute *seiner* Mutter gegenüber. Es gab und gibt, das ist ihm heute klar, kaum ein „Geschenk" oder ein „Entgegenkommen" seiner Mutter ohne Berechnung, versteckte Forderung oder Erwartung an die „Beschenkten". Einmal abgesehen davon, dass ihre Grundforderungen an ihre Kinder und ihre Vorstellungen, wie sie zu sein hatten und haben ihm recht überhöht erscheinen...

Gottfried hatte zu seinem Vater vielleicht die noch etwas größere Nähe. Wenn es einen „Notfall" Gottfrieds gab, hat *er* versucht zu helfen. Während seine Mutter meist mit sich selbst und ihren Problemen beschäftigt war, hat sein Vater ihm manchmal das Gefühl vermittelt, dass er ihm als sein Sohn etwas bedeutete, dass er auch manchmal Angst um ihn hatte. Aber eigentlich hat er sich das auch nur getraut, wenn Mutter *nicht* anwesend war. Die besten Gespräche hatte Gottfried mit seinem Vater, wenn sie zu zweit unterwegs waren. Sein Vater hat seinem Bruder gegenüber einmal geäußert, dass alle Personen aus seiner Herkunftsfamilie Feiglinge seien. Er hat seiner Ehefrau gegenüber immer gekuscht, die wenigen Aufbegehrens-Versuche hat sie immer gut für sich entscheiden können. Gottfrieds Gefühle gegenüber seinem Vater sind daher heute eher von Mitleid geprägt.

Dieses Misstrauen anderen „bösen" Menschen und der „schlechten Welt da draußen" gegenüber hatte Gottfried also stark geprägt. Wirkliches (Ur-)Vertrauen kannte er nicht. Ebenso hatte er die negativen Sichtweisen seiner Eltern verinnerlicht. Er rechnete immer mit hinterhältigen Angriffen vor allem von Seiten der Erwachsenen, aber auch von den ihn umgebenden Kindern. Er lebte oft in einer Art „Hab-Acht-Haltung". Selbst wenn ihm „Gutes widerfuhr", erwartete er einen „Widerhaken" dahinter.

Spätestens die Erfahrungen seiner Jugendzeit machten Gottfried dann endgültig klar, er konnte auch sich selbst nicht vertrauen. Durch seine Schwarz/Weiß Denkweise, seine unrealistischen Vorstellungen von einer „gerechten Welt" und seine eigenen, auch an sich selbst gerichteten perfektionistischen Ansprüche war er zum vorprogrammierten Dauer-Looser geworden. Er konnte sich irgendwann nur noch im Suff selbst ertragen und wenigstens am Anfang seiner „Trinker-Karriere" im Suff zeitweise selbst vergessen.

Als er dann, inzwischen „nüchtern" geworden, auf Menschen traf, die ihm das Gefühl vermitteln konnten, wenigstens Teile in ihm seien noch etwas wert, fing er an, zu Beginn ganz zaghaft und vorsichtig, Vertrauen zu einzelnen Menschen zu wagen. Es begann ein jahrzehntelang andauernder Wandel in seinem Denken und Fühlen. Er begann zumindest die Möglichkeit ins Auge zu fassen, dass es auch so etwas wie Liebe und Vertrauen für ihn geben könnte. Gottfried begann vorsichtig zu glauben: An Menschen, an einen Gott. Noch heute stehen für ihn die Begriffe „Vertrauen" und „Glauben" für ein und denselben Vorgang. Doch es bleibt ein Wagnis. Nur wenn er sich dafür entscheidet, Vertrauen zu wagen, entsteht auch Glauben, und der ist Grundlage dafür, dass er noch mehr vertrauen kann.

Ja, Gottfried ist von einem *Miss*trauenden zu einem *Ver*trauenden geworden. Das heißt nicht, dass er leichtgläubig geworden ist. Eine gewisse Skepsis wird ihm immer bleiben. Die Vergangenheit holt ihn auch noch oft genug ein. Aber heute besitzt er die Freiheit, sich immer wieder neu für das Vertrauen und damit auch für eine positivere Sichtweise und Erwartungshaltung zu entscheiden. Und sein Leben verläuft heute in viel positiveren Bahnen als früher. Er hat gelernt, auch sich selbst vertrauen zu dürfen und zu können.

Gevatter Tod

Gottfried hat spätestens ab der Pubertät sein ganz persönliches Verhältnis zum „TOD".

Irgendwie sehr stark geprägt hat ihn ein DDR-Märchenfilm nach den Gebrüdern Grimm, der auch noch in der Altstadt der Stadt gedreht wurde, in der er als Kind groß geworden ist. Er kann aber nicht mehr genau sagen in welchem Alter er den Film im Fernsehen das erste Mal gesehen hat, er schätzt aber ungefähr im Alter von 10 Jahren. (Am Ende dieses Textes befindet sich eine kurze Beschreibung des Films.)

Einige von Gottfrieds Schulen befanden sich in der Altstadt: Die Musikschule, seine „Russisch-Schule" und die Schule, in der die Orchesterproben stattfanden. Er hatte ja fast immer viel „Freizeit" zwischen Schulunterricht und den Proben, die meist am späten Nachmittag oder am Abend stattfanden (die Heimfahrt lohnte sich nicht). Da ist er dann oft als typisches Schlüsselkind stundenlang allein durch diese Altstadt gezogen. Zufällig kennt er also fast alle Drehorte des Films persönlich. Dies spielt sicher auch eine Rolle in seiner Beziehung zu diesem Film.

Spätestens ab der Pubertät lebt Gottfried mit Suizidgedanken, auch heute noch, in den depressiven Phasen täglich. Bis auf den ersten Suizid, den sein Vater „verhindert" hat, als er aus dem Fenster springen wollte, blieben sie unentdeckt. Er hat auch bisher kaum darüber gesprochen. Alle „Suizidversuche" fanden aber im volltrunkenen Zustand statt und er ist sich heute über deren Ernsthaftigkeit nicht mehr wirklich sicher. Den zweiten hatte Gottfried während seiner Armeezeit in Verbindung mit Psychopharmaka und Alkohol. An seinem 25. Geburtstag hat er dann versucht, sich zu erhängen. Die Wäscheleine riss aber und er schlief anschließend seinen Rausch aus. In seiner Zeit als „trockener" Alkoholiker hatte er immer wieder Freunde und Bekannte, die es „schafften", diesen Schritt in den „Freitod" zu gehen. So ist der Suizid bis heute in bestimmten Situationen eine gangbare Möglichkeit auch für ihn und er fühlt sich verbunden mit jedem, der es tut.

Der Film und die Suizidgedanken sind irgendwann der Grund dafür gewesen, dass der Gevatter Tod des Filmes für Gottfried zum Bruder wurde. Gottfried ist in der Hospiz-Ausbildung klargeworden: Er hat ihn für sich personifiziert, Gevatter Tod begleitet ihn immer. Er läuft neben ihm her, ist für ihn sogar zu einem gewissen Halt geworden und zu der oft einzigen Sicherheit. Sterben müssen ist die einzige Gerechtigkeit, die es auf Erden für Gottfried gibt. Als er nach der Entwöhnungskur 1985 das erste Jahr ohne Alkohol leben musste und durfte, gab ihm Gevatter Tod auch mit den notwendigen Halt diese nicht leichte Zeit durchzuhalten. Gottfried hatte vor sich selbst den Schwur abgelegt, wenn er sich je wieder eine Flasche Alkohol kaufen würde, so würde er sich einen (diesmal dickeren) Strick dazukaufen. Er ist sich in dieser

Sache heute noch ziemlich sicher, er hätte es auch getan.

Man mag über „Nah-Tod-Erfahrungen" denken wie man will: Ob es danach weiter geht oder nicht, keiner weiß es letztlich genau. Doch auch wenn sein Gehirn diesen „Abtritts-Moment" nur selbst produzieren sollte, ist Gottfried das egal. Er bildet sich ein, schon einmal einen Vorgeschmack dieses Vorgangs bekommen zu haben oder wie ein Bekannter es ihm gegenüber ausgedrückt hat (nach dessen Herzinfarkt und Reanimation): Er durfte schon mal über die Grenze schauen.

Als seiner damaligen Frau und ihm 1990 nach der „Wende" keine andere Möglichkeit mehr blieb, als in den „Westen" zu gehen, ging es ihnen nicht sehr gut. Er hatte seine Arbeit und die Wohnung verloren. Die Angst und Ungewissheit der bevorstehenden Geburt (es gab vorher bereits eine Fehlgeburt während der ersten Schwangerschaft) kam dazu. Eine Zukunft für sich sahen sie nirgendwo in ihrer Heimat. Sie luden all ihr Hab und Gut auf einen Siebeneinhalb-Tonner (auch noch einen ehemaligen Bierlaster). Gottfried hatte ziemlich am Ende der Aktion einen „Zusammenbruch". Andere, die damals dabei waren, beschrieben es als „epileptischen Anfall". Er weiß bis heute nicht genau, was es war. Er fiel jedenfalls um wie ein Brett und war wohl auch eine Zeit (ein paar Minuten?) bewusstlos. Innerhalb dieses „Zusammenbruchs" entstanden Bilder, die er heute noch manchmal vor sich sieht. Die positiven Empfindungen waren sehr stark: Ein Gefühl von unglaublicher Wärme und Geborgenheit, eine tolle Landschaft, vor der er stand. Solche Farben und intensive Eindrücke hat er vorher und auch danach nie wieder erlebt, alles duftete... Gottfried gegenüber standen mehrere Kinder verschiedenen Alters und Geschlechts und auch ein junges erwachsenes Paar. Er konnte nicht zu ihnen hinüber, aber sie winkten ihm zu. Er fühlte, dass er sie kannte, wusste aber nicht genau, woher. Er hatte sie in irgendeinem anderen Alter schon kennengelernt. Er hörte in sich, wie sie ihm zuriefen: „Es ist noch nicht deine Zeit, aber wir warten und freuen uns schon auf dich." Dann verschwand alles in der Dunkelheit und Gottfried kam irgendwann wieder zu sich. Dieses Erlebnis kann vieles gewesen sein, das ist ihm schon klar, aber er fühlt, es hat sein Leben mehr verändert, als manches andere Erlebnis.

Und so ist Bruder Tod für Gottfried zum verlässlichen Freund geworden, er hat zwar Angst vor dem vielleicht brutalen Übergang. Menschen können für ihn zu Feinden werden, mit Bruder oder Gevatter Tod verbindet ihn den Rest seines Lebens eine gewisse Liebe und Gottfried weiß, dass er für ihn auch *Erlösung* sein wird.

Die mittelalterliche Geschichte des Films ist folgende:
Ein mitteloser Junge begegnet Gevatter Tod und wird von diesem auserwählt, mit ihm einen Pakt zu schließen. Gevatter Tod verspricht dem Jungen für

seine Ausbildung zum Arzt und für den anschließenden Erfolg in seinem Beruf zu sorgen. Dafür muss der Arzt sich dann der Entscheidung des Todes beugen. Wenn Gevatter Tod am Kopfende eines Patienten erscheint, wird dieser geheilt, steht er am Fußende des Krankenlagers, so muss dieser sterben. Alles geschieht so. Da die Pest herrscht, nimmt der junge Arzt einen kleinen Waisenjungen als sein Kind auf, das er sehr gern hat.

Der Arzt wird sehr erfolgreich, da Gevatter Tod oft am Kopfende seiner Patienten steht. Er lernt eine Frau aus wohlhabendem Hause kennen, in die er sich verliebt. Sie ist eigentlich für ihn „unerreichbar". Doch ihr Vater erkrankt, der Arzt behandelt ihn und so kommen die jungen Leute einander näher. Der Vater ist schließlich nicht abgeneigt, sie zu vermählen. Grundbedingung ist seine Heilung durch seinen zukünftigen Schwiegersohn.

Eines Tages steht Gevatter Tod am Fußende des „Schwiegervaters" und der Arzt lässt einfach das Bett um 180° drehen, so dass der Vater nicht stirbt, sondern gesund wird.

Gevatter Tod lässt es durchgehen, erinnert aber den Arzt an ihre Abmachung.

Die Hochzeit findet endlich statt, sie sind ein glückliches Paar.

Da erkrankt plötzlich auch die junge Ehefrau des Arztes an Pest. Und wieder verdreht der Arzt das Bett, als Gevatter Tod an ihrem Fußende erscheint und sie wird gesund.

Daraufhin führt Gevatter Tod den Arzt in eine

Grotte mit einem See, in dem die Lebenskerzen aller Menschen brennend schwimmen. Die langen Kerzen bedeuten ein noch langes Leben, kurze - das Leben endet bald. Gevatter Tod zeigt dem Arzt die fast erloschene Kerze seiner Ehefrau und gibt ihm die Möglichkeit, sie gegen eine andere zu tauschen. Der Arzt tut dies und wählt eine beliebige noch sehr lange Kerze, denn damit darf seine Frau noch lange weiterleben.

Als der Arzt nach diesem Erlebnis nach Hause zurückkehrt, liegt sein angenommener Sohn tot auf der Treppe, denn dessen Kerze hatte der Arzt ausgetauscht.

In dem Film wird der Arzt daraufhin irre und verlässt seine Familie und die Stadt.

Ablehnung

Gottfried ging seit vielen Monaten in eine christliche Freikirche. Er war auch von Anfang an aktiv an der Gemeindearbeit mit beteiligt. Er half jeden Freitag in der Suppenküche mit, hatte einen Gesprächskreis für die Besucher der Suppenküche mit initiiert, nahm an den Veranstaltungen und Gottesdiensten dieser Gemeinde regelmäßig teil und manches mehr. Gottfried tat dies alles, weil es für ihn eine Genesung ohne eine praktische Umsetzung seiner „Erkenntnisse" und „Glaubenserfahrungen" in seinem Leben nicht geben konnte, aber auch auf Grund seiner Dankbarkeit Gott gegenüber, durch den er heute frei wie nie zuvor leben durfte. Dies war seine Art zu „missionieren" und auch seine eigene Form, das, was er selbst „empfangen" hatte, weiterzugeben.

Gottfried sehnte sich stark nach einer („geistlichen") Heimat, vielleicht auch einer Art Familienersatz, einem Ort, an dem er sich als Mensch angenommen fühlte.

Diese „menschliche" Heimat hatte er zum Teil schon bei AA und anderen Selbsthilfegruppen finden können, aber er wollte nicht immer nur mit „selbst betroffenen" Menschen zusammen sein. Ihm tat es gut, und er fand es auch als wichtig, Kontakte zu „normalen" Menschen aufzubauen und zu pflegen.

Dies hatte er ebenfalls in dieser „Freikirche" zu finden gehofft und auch teilweise gefunden, er war froh, mit einigen Menschen schon in näheren Kontakt getreten zu sein. So beschäftigte ihn der Gedanke seit längerem, eventuell Mitglied in dieser Gemeinde zu werden. Es fiel ihm auf Grund seiner Erfahrungen und Enttäuschungen in der Vergangenheit ziemlich schwer, sich darauf einzulassen und „Vertrauen zu wagen", wie es so schön hieß. Gottfried entschloss sich so nach reiflichen Überlegungen, vielen Gebeten und Anfragen an Gott den Schritt zu gehen und den Pastor um die Aufnahme zu bitten.

Nun hatte Gottfried gestern nach einem weiteren Gespräch mit dem Pastor von der Ablehnung dieser Bitte durch den Vorstand der Gemeinde (mit Pastor drei Männer) erfahren. Der Gedanke, dass dies passieren könnte war Gottfried schon vorher gekommen. Er hatte sich zu Beginn seines regelmäßigen Besuches in dieser Freikirche dem Pastor und der Gemeindeleitung gegenüber als Pädophiler geoutet, um eventuellen „Gefährdungen" vorzubeugen und sich selbst von irgendeiner Form der „Kinderarbeit" abzugrenzen.

Dennoch traf ihn diese Entscheidung mehr, als er im ersten Moment vor sich selber zugeben wollte und konnte. Die Begründung der Ablehnung: Er würde die Grundbedingungen einer Aufnahme nicht erfüllen, da er nicht an die *Alleingültigkeit* des Weges zu Gott durch Jesus Christus für *alle* Menschen glauben würde.

Darüber hatte er schon mehrmals mit dem Pastor gesprochen. Gottfried erkannte für sich selbst zwar

die Gültigkeit dieser Aussage an, doch er war sich recht bewusst darüber, dass er keinerlei Recht hatte, zu behaupten, dass dies auch für andere Menschen als Voraussetzung dafür, Gott zu finden, galt. Gottfried war allein aus Gnade errettet worden. Gott war allmächtig! Wie Gott mit anderen Menschen auch in dieser Hinsicht umging, darüber wollte, konnte und durfte Gottfried sich kein Urteil erlauben. Gott hatte unbegrenzt viele Möglichkeiten, sich von Menschen finden zu lassen. Diese Begründung für seine „Nichtaufnahmemöglichkeit" erschien Gottfried auch recht fadenscheinig, zumal diese Vorbedingung nirgends, weder in der Gemeindesatzung, noch im Selbstverständnis oder im Leitbild der Gemeinde vorzufinden war. Gottfried konnte es auch deutlich in sich spüren: Diese Begründung war ein Vorwand. Die wirklichen Gründe für die Ablehnung konnte er nur vermuten:
- Vielleicht waren es seine pädophilen Neigungen, die Angst der Leitung, dies könnte öffentlich bekannt werden und sie in einem „schlechten Licht" erscheinen lassen,
- seine Direkt-und Offenheit in Bezug auf „Glaubensprobleme", seine Fragen, Auffassungen und Zweifel im „Glaubensleben",
- vielleicht spielten auch andere Ansichten, Vorurteile seiner Langzeitarbeitslosigkeit und sozialen Stellung gegenüber eine Rolle oder finanzielle Erwägungen...
Gottfried konnte nicht in die Köpfe anderer Menschen sehen. Letztlich waren solche Überlegungen

nutz- und sinnlos, brachten nichts. Er musste sich mit der Tatsache abfinden: Der Entscheidung der Gemeindeleitung, nicht aufgenommen zu werden. Dies hatte aber auch mehrere praktische Auswirkungen auf sein derzeitiges Leben:
- Als erstes war da die Tatsache wieder einmal abgelehnt zu werden (gerade auch von Christen). Das war die innere Aufgabe vor der er jetzt wieder einmal stand, die seine Seele verarbeiten musste (Trauer). Das würde einige Zeit dauern.
- Er hatte Gott gefragt und darum gebeten, ihm „seinen Platz" zu zeigen. Deutlicher konnte Gott ihm wohl nicht antworten: Hier nicht!. - Eine Tür knallte zu! -
- Er stand vor der Frage: Wo bekomme ich in Zukunft meine „geistliche Nahrung" her? Gottfried brauchte Gottesdienste. Ob er in dieser Gemeinde die Predigten nach einer solch schmerzlichen Erfahrung noch ernst nehmen könnte, würde sich zeigen.
- Es gab für ihn noch viele andere Fragen, die jetzt offensichtlich wurden: Es war nicht der erste „Bruch" seiner Lebenslinie und nicht die erste Ablehnung, die er in seiner „Laufbahn" als Christ erfahren hatte. Gab es für Gottfried überhaupt jemals einen Platz in einer christlichen Gemeinde, oder musste er sich auch von dieser Hoffnung verabschieden? Würde er in Zukunft in dieser Hinsicht weiter als „einsamer Wolf" überleben müssen?
- Die Möglichkeit, in dieser „Freien Gemeinde" weiter als Gast zu verbleiben und mitzuarbeiten

kam für ihn als Borderliner einer „Dauerselbstverletzung" gleich. Das war ihm in dieser Nacht und nach dem Gespräch mit seinem „Sponsor" der AA klar geworden. Dies wäre das alte „krankhafte" Verhalten, dass ihm nur Verletzungen bringen und nur alte Wunden wieder weiter aufreißen würde.

- Außerdem wollte er nicht in einer Gemeinschaft mitarbeiten, die ihn zum Christen zweiter Klasse erklärte und deren „Liebe" Menschen aus ihrem Kreis ausschloss. Denn seiner Meinung nach suchte wirkliche (göttliche) Liebe nach Gemeinsamkeiten und nicht nach trennenden Dingen.

- Ein weiteres Problem war: Auf welche Gemeinde sollte er nun noch mit gutem Gewissen „Randgruppenleute" verweisen, die wie er eine Heimat suchten, wenn die „Voraussetzungen" für eine solche so hoch oder vielleicht gar nicht gegeben waren?

- Gottfried musste nun auch neue Möglichkeiten finden, die jetzt wieder gewonnene „freie Zeit" sinnvoll zu nutzen. Er hoffte auf „neue Türen", die Gott ihm öffnen würde. Denn dies war in der Vergangenheit das „Positive" an seinen, solchen „Lebensbrüchen" gewesen.

Gottfried war und blieb ein Gotteskind und von Gott so akzeptiert, wie er war. Dies konnte er heute schon auch nach diesem Erlebnis sagen: Die vergangene Zeit in der „Freikirche" bereute er nicht, sie hatte ihm geholfen, persönlich „weiterzukommen". Er wollte auch nie wieder in die Rolle eines „Verbitterten Menschen" verfallen. Es waren viele gute Erfahrungen, die er mit neuen Menschen machen konnte und Enttäuschungen gehörten nun mal auch auch zu seinem realistischem Leben. Und Gottfried würde weitergehen, *seinen* Weg mit Gottes Hilfe. Selbst wenn ihn Menschen immer wieder ausschlossen, würde er nie tiefer fallen können, als in Gottes liebende Hände.

Urteil ohne Anklage
Grenzen nach innen und außen.
Den Blick gesenkt, das Ohr verschlossen
wie die Tür – Herzenstür: „ Du nicht ! "

Wo wird dem Anklopfenden aufgetan?
Wo sagt man ihm: Ja, Du ! " ?

„ Im Hause des Vaters sind viele Wohnungen ... „

– die Miete ist bezahlt.

Träume

Gottfried ist heute früh irgendwie mulmig in der Magengegend.

Er hat letzte Nacht wieder einen seiner „intensiven" Träume gehabt.

In letzter Zeit träumt Gottfried oft seine „Reise- und Such-träume": Er ist unterwegs irgendwo im Nirgendwo. Er ist völlig orientierungslos. Er will nach Hause, in seine frühere Heimatstadt und weiß nicht, wie er dort hinkommen soll. Gottfried fühlt sich hilflos, vollkommen verloren. Er befindet sich am Endpunkt einer Bahnstrecke. Manchmal trägt er noch Uniform in diesen Träumen, was auf seine Armeezeit verweisen könnte. Oft ist er in diesen Träumen ganz allein auf weiter Flur, manchmal sind da auch viele Leute im Bahnhof, denen er sich aber nicht verständlich machen kann. Am Ende des Traumes sitzt er meist erschöpft und müde auf einem mit Sträuchern zugewachsenen Abstellgleis mit verrosteten alten Waggons, inmitten von abgenutzten, aufgestapelten Holzbahnschwellen. Es stinkt nach deren typischen Teer-Imprägniermitteln, nach staubiger und stickiger Sommerluft, nach Urin und nach von Hitze vertrocknetem Gras, in dem er sitzt. Er hat sich aufgegeben. Er spürt seine absolute Fassungs- und Hilflosigkeit ohne Hoffnung auf eine Zukunft. Als er langsam an diesem Ort zu sterben beginnt, rettet ihn nur sein Erwachen aus diesem Traum.

Da es gibt noch einen weiteren Traum, der sich

immer etwas abgewandelt wiederholt: Gottfried kehrt in die Großstadt zurück, in der er einmal wohnte und in der er aufhören konnte zu trinken. Zu welcher Zeit er in seinem Traum lebt, kann er nicht sagen. Gottfried sucht nach seinen früheren Wohnungen in dieser Stadt und kann sie nicht finden. Er ist sich ziemlich sicher, dass es sie noch gibt und sich dort noch Möbel und Gegenstände von ihm befinden. Trotzdem hat er Angst, die Wohnhäuser könnten abgerissen oder geräumt worden sein. Außerdem hat er seit Jahren keine Miete mehr für sie gezahlt. Die Fassade der Wohnung seiner Großmutter findet er ziemlich schnell (er wohnte eine Zeit mit ihr zusammen dort). Als Gottfried die Haustür öffnet, findet er dahinter nur noch eine eingestürzte Ruine. Dann sucht er weiter in ihm bekannten und unbekannten Stadtteilen. Manchmal findet er Orte, die ihm noch bekannt vorkommen. Meistens landet er irgendwann am Ende seiner Suche oberhalb einer unbewohnt wirkenden und steil abwärts führenden Pflasterstein-Straße. Er geht hinunter, es ist völlig still. Die Luft „steht". Im „Tal" angekommen steht er vor einem mehrstöckigem roten Ziegelbau. Gottfried geht durch das große Tor des Hauses. Er steht in einem weiträumigen Treppenhaus, an dessen Peripherie sich lauter kleine Wohnungen befinden, die alle bewohnt sind. Die Leute kochen gemeinsam im Hausflur, denn nur dort gibt es auch Wasser: Die durchweg alten Leute scheinen in einer Art Gemeinschaft zu leben. Sie sehen ihn an. Er hat das

Gefühl, dass sie ihn kennen, *ihm* kommen sie nicht bekannt vor. Sie deuten mit einem Kopfnicken auf die große, breite Treppe nach oben. Gottfried steigt diese Treppe hinauf. Das Haus kommt ihm merkwürdig bekannt vor. Die Stockwerke gleichen sich und auch wieder nicht. Alle Menschen, denen er begegnet deuten weiter nach oben. Als er im Dachgeschoss ankommt, läuft eine alte Frau mit Schrubber und Eimer in der Hand stumm, ängstlich und eilig an ihm vorbei zur Treppe in Richtung unterer Etagen. Gottfried sieht sich um. Auch hier oben befinden sich mindestens zwei Wohnungen. Er ist allein und öffnet schließlich eine der Wohnungstüren am Ende eines langen Flures und tritt ein. Die Wohnung ist zwar gutbürgerlich und gemütlich eingerichtet, aber es scheint kein Mensch mehr hier zu sein oder hier zu wohnen. Es riecht nach Staub, nach trockenem verwurmten Gebälk, nach alten schweren Stoffen. Den intensiven Geruch der unteren Etagen nach dem Leben alter Menschen sucht er hier vergeblich. Seine Schritte hinterlassen Spuren auf dem Staub des Bodens. Nein, in diesen Räumen war schon lange keiner mehr. Er geht langsam durch die wie in einer Galerie hintereinander angeordneten langen und schmalen Räume. Gottfried stellt sich vor, wenn er heute hier wohnen würde, könnte er sich vielleicht sogar wohlfühlen trotz der etwas altertümlich wirkenden Möbel. Jeder der niedrigen und trotzdem hellen Räume besitzt mindestens drei Fenster. Dann kommt er in das Wohnzimmer, das sich an der Ecke des Hauses befindet und deshalb mittig links abknickt. Im Knick des Zimmers befindet sich ein weit ausfallender Erker mit einem sechseckigen Tisch und den dazugehörigen Stühlen und rundum laufenden Fenstern. Gottfried schiebt die Gardinen beiseite. Es muss vor Kurzem geregnet haben. Trotz der Regenspuren am Fensterglas ist der Ausblick atemberaubend. Das Haus wurde offensichtlich direkt am Rande einer riesigen, senkrecht abfallenden, felsigen Schlucht erbaut, die sich schräg ganz tief unter ihm erstreckt. Die ganze Gegend ist mit dichtem Wald aus uralten tiefgrünen Laubbäumen bewachsen. Ab und zu sind an den gegenüberliegenden Wänden des Abgrundes zwischen den Bäumen hervorspringende graue Sandsteinfelsen sichtbar. Der schon etwas muffige Geruch dieser Wohnung passt in keiner Weise zu der vor ihm liegenden, vom vorangegangenen Regenguss erfrischten Bilderbuchlandschaft und so versucht er vorsichtig die zwei Flügel eines der Fenster des Erkers zu öffnen. Als ihm das gelingt, strömt der frische Duft von regennassem Laubwald in die Räume. Die Balken über ihm saugen mit einem lauten Ächzen die lang entbehrte Feuchtigkeit in sich auf. Es fühlt sich an, als wenn die Wohnung endlich aus einem schon viel zu lange andauernden Schlaf erwacht. Gottfried hört tief unter sich das gurgelnde Rauschen von Wasser. Es muss also auch noch einen Fluss oder Wildbach am Grunde der Schlucht geben. Lautstark und aufgeregt kreischen die umherflatternden Vögel. Sie wollen wohl nach diesem

Regenschauer endlich wieder zu ihren Alltagsgeschäften zurückkehren. Der Himmel ist zwar immer noch von den rasch abziehenden Wolken bedeckt, trotzdem kann Gottfried sich von diesem scheinbar idyllischen Bild lange nicht lösen. Die Wohnung, die Umgebung des Hauses und er sind von einem einzigen lautlosen, in der Stille lange nachhallenden Schrei nach Leben erfüllt.

Plötzlich beginnt die Welt um Gottfried zu wanken, der Boden unter ihm sackt weg, er fällt und fällt, allerdings nach oben. Er flieht im letzten Moment aus diesem für ihn sehr real erlebten Traum. Er kehrt langsam zurück in die Wirklichkeit.... Im Übergang zum Wachsein kann er gerade noch wahrnehmen, wie die alten Balken der Mansardenwohnung splittern. Der Erker, in dem er soeben noch stand, bricht vom Haus ab und verschwindet laut krachend in der Tiefe. Nach und nach zerbröckelt das ganze große rote Ziegelhaus und löst sich im Fallen in Staub auf. Die Bilder verblassen endgültig.

Diese Träume erlebt Gottfried *nicht* als Albträume, sie hinterlassen keine Angst in ihm. Doch wie soll er sie einordnen, wie mit ihnen umgehen? Was für eine Bedeutung haben sie? Warum wiederholen sie sich so oft und das seit Jahren? Das fragt er sich immer wieder. Er ist sich sicher, dass seine „Seele", seine „inneren Personen", ihm damit etwas mitteilen wollen. Er schließt für sich auch nicht aus, dass es Gott sein könnte, der so mit ihm sprechen will. Wenn er den ersten Traum aus diesem Blickwinkel heraus betrachtet, könnte Er ihm vielleicht sagen wollen: „Gottfried, du befindest dich zwar scheinbar in einer Sackgasse und denkst, alles ist zu Ende, keiner kann und will dich verstehen. Aber dem ist nicht so: Steh auf, schiebe die dichten Sträucher und das Unkraut beiseite. Dann kannst du ein weites offenes Feld vor dir sehen, am Horizont Hügel. Leg die alte Uniform ab, lass den alten Mief hinter dir! Mache dich endlich auf den Weg! Entscheide du, in welche Richtung du gehen willst. ICH werde *auf alle Fälle* mit dir gehen, ICH bin der, der dich besser verstehen kann, als du dich selbst. Egal, wie du dich entscheiden wirst - ICH bin und bleibe bei dir. Es ist nicht entscheidend, *wohin* du gehst. Entscheidend ist nur, dass du *losgehst* und nicht aufgibst. Dort, wo deine Träume enden, wartet die Realität auf dich."

Der zweite Traum könnte bedeuten: „Gottfried, du befindest dich auf der Suche nach deiner Heimat, nach dir, in Vergangenheit, Gegenwart und Zukunft. Diese Suche wird erst am Ende deines Lebens, in deinem letzten Augenblick enden. Das ist gut so, denn *das* bedeutet reales Leben *auch*. Du kommst fast täglich in Situationen, die dir gleichzeitig bekannt und fremd erscheinen. Du besuchst oder entdeckst Städte, Straßen, Gebäude, Menschen. Nicht immer ist dir klar, ob es Realität oder Traum ist, was du vorfindest und was du dabei empfindest. So lange du hier auf dieser Erde lebst, solltest du dir nie zu sicher sein. Scheinbare Idylle kann auch jederzeit zur Katastrophe werden. Auch deine schon „erlebten" persönlichen Katastrophen gehören zu deinem Leben. Aber ICH bin der Gott, der dich bedingungslos liebt und du wirst nie tiefer fallen können, als in meine, dich haltenden Hände. ICH habe dich schon so oft gehalten, wenn du das auch nicht bemerkt hast oder nicht bemerken wolltest. Träume sind gut, wenn man danach immer wieder in die Realität zurückkehren kann."

Gottfrieds Träume kann man sicherlich auch aus anderen Blickpunkten betrachten. Trotzdem ist er froh, dass er sie hat.

Genesung

Heute ist Ostersamstagabend 2016. Gottfried sitzt jetzt zu Hause am Laptop. Diesen Tag hat er mit seinen Enkeln und Kindern zusammen verbringen können. Während viele andere Leute am Osterfeuer sitzen und alkoholische Geselligkeit genießen, ist er erfüllt von Dankbarkeit und Frieden und muss mal wieder über sein bisheriges Leben nachdenken.

In Gedanken reist Gottfried zurück in seine Jugendzeit. Er hat sie nicht vergessen. Er *will* auch niemals vergessen, wer und wie er damals war, woher er kommt und wie es ihm später so erging. Alte Gefühle und Erinnerungen steigen in ihm auf. Das ist auch ein wichtiger Antrieb für Gottfried, diese Texte zu schreiben. Damit er sie dann als s*eine* Bücher in seine Lebensbücherregalwand stellen kann. Um sie dann, wenn es wieder einmal nötig sein sollte, einzeln herausnehmen, betrachten und dann wieder einsortieren zu können. Das Projekt des Buches entstand auch aus dem tiefen Bedürfnis heraus, Gott und den vielen Menschen zu danken, denen er auf dem Weg seines Lebens begegnen durfte und weiterhin begegnen darf. Er hofft, dass der Leser es spüren kann, dass es ein Buch der Hoffnung und eines Heilungsprozesses ist, der erst am Ende seines Lebens abgeschlossen sein wird.

Gottfried war damals ein völlig haltloser und orientierungsloser Jugendlicher. Er wusste absolut nicht, wie er mit sich, anderen Menschen und dieser Welt umgehen konnte, wollte oder sollte. Er litt an den vielen Verletzungen, die ihm das Leben und er selbst sich bisher schon zugefügt hatte und immer weiter zufügte.

Er wusste nicht, wer und wie er eigentlich war. Sich selbst fremd und ohne Sinn und Ziel, sah er das auf ihn wartende, kommende Leben als ein unüberwindbares, bedrohliches Hochgebirge vor sich liegen. Auf seiner nun folgenden Gratwanderung fand er schnell den Alkohol, erkannte sich schließlich selbst als Alkoholiker und konnte dann, nach 10 Jahren Suff, mit dem Trinken aufhören. Ein (Gottes-)Geschenk: Er wurde ohne Rückfall trocken. Der Alkoholiker war der erste Teil eines völlig zerrissenen oder nie entstandenen inneren Selbstbildes, mit dem sich Gottfried identifizieren konnte, den er akzeptieren lernte und ohne den es auch für ihn nie die Möglichkeit gegeben hätte, den Weg des langen, inneren Heilungsprozesses zu betreten. Er lernte zum ersten Mal zu reden, wirklich zu kommunizieren (vor allem auf der Gefühlsebene), erst mit sich selbst, dann mit ihm wohlgesonnenen, einzelnen Menschen, dann mit Gott. Er begann auch, mehr auf die positiven Aspekte seines Lebens zu achten. Er empfand neue Freude und Hoffnung, bis der nächste Teil seines Ichs sich immer mehr in den Vordergrund zu schieben begann.

Aber wer will gern pädophil sein? Obwohl er diesen „Dämon" schon vor Beginn seiner Pubertät in sich spürte, hatte er Jahre gebraucht, um es vor sich selbst aussprechen zu können: „Ich bin ein Pädophiler." Es vergingen noch einmal Jahre, bis Gottfried seine völlige innere Isolation in dieser Beziehung durchbrechen und es vor einem anderen Menschen aussprechen konnte. Wirkliche Hilfe fand er dadurch noch lange nicht. All seine „Selbstheilungsversuche" (auch *ein* Aspekt seiner Heirat) waren inzwischen jämmerlich gescheitert. Weitere, lange für ihn nicht akzeptierbare Teile von und in ihm, begannen zusätzlich auch noch Ansprüche anzumelden. Pädophil und dann noch in Verbindung mit Hass und Gewalt! Gottfried - ein Aussätziger: „Gott, was hast Du mir da angetan, sieht so Deine Liebe zu mir aus?"

Mit 29 Jahren erfolgte sein erster lauter Hilfeschrei, dann kam eine lange Zeit mit einer Vielzahl von Ärzten, Therapeuten, Seelsorgern. Mit 52 Jahren fand er dann nach weiteren Abbrüchen seiner Lebenslinie endlich wirkliche Hilfe als Pädophiler. Es war nicht so, dass ihm vorher keiner helfen wollte. Es fand sich einfach keiner, der es auch *konnte*. Dazwischen lagen seine Ehe, drei Fehlgeburten, die Geburt ihrer zwei gesunden Kinder, die „Wiedervereinigung" Deutschlands, Umzüge, Zeiten langer Arbeitslosigkeit, Bibelschulversuch, Umschulung und stationäre Aufenthalte von insgesamt über zweieinhalb Jahren in Psychiatrien, Therapiekliniken, ungezählte ambulante Psychotherapien, die Scheidung, Gratwanderungen entlang tiefer Abgründe. Seine vielen tiefen seelischen Abstürze hatten ihm inzwischen klar gemacht, dass er *auch* ein Borderliner war. Gottfrieds Suche nach Hilfe führte ihn durch viele christliche Gemeinschaften und er verlor immer mehr sein Vertrauen in einen auch ihn liebenden Gott, später fand er dieses Vertrauen wieder.

Wenn Gottfried heute auf diese Zeiten zurückblickt, so darf er aber nicht verschweigen, dass es immer wieder auch Augenblicke oder Phasen gab, in denen er neu zu hoffen begann, Menschen und Dinge fand, die ihn am Leben hielten, zu ihm standen und die ihm halfen, Abgründe auszuhalten.

In dieser Hinsicht verdankt er auch seiner damaligen Ehefrau sehr viel und seinen eigenen Kindern. Seine „Ex" sorgte nicht nur in seinen „Absturzphasen" und Abwesenheitszeiten dafür, dass ihre Kinder und die Familie diese vielen Krisen überstanden und nicht daran zerbrachen. Obwohl sie sicherlich nie verstehen und nachvollziehen konnte, welche Kämpfe Gottfried gerade zu führen hatte, sie hat sie letztlich immer ausgehalten und ihn nie verlassen. Er kann auch gut verstehen, dass sie die später von ihm initiierte Scheidung als Verrat seinerseits an ihr auffassen musste und muss. Gottfried ist sich auch darüber im Klaren, dass ihre gemeinsamen Kinder durch ihn nicht die Kindheit hatten, die sie eigentlich verdient hätten, gerade auch in Bezug auf ihn als Vater. Er empfindet es wirklich als großes, nicht selbst verdientes Geschenk, dass sie heute in einem guten Verhältnis zueinander leben, basierend auf Vertrauen und ehrlichem Umgang miteinander.

Gottfrieds Lebenslinie hatte aber nicht nur von ihm damals negativ bewertete Brüche. Es gab auch viele „positive" Umbrüche, wie zum Beispiel der Beginn seiner „Trockenheit", der Beginn seines Glaubensweges, seine Heirat, die Geburt ihrer zwei Kinder und es gäbe noch viel mehr Ereignisse zu nennen. In Bezug auf die Pädophilie und sein ganzes Leben überhaupt war die ambulante, über vier Jahre andauernde Therapie in Kiel auch ein solcher positiver „Knick", der ihm viele neue Sichten, Denk- und Bewertungsweisen ermöglichte. Aus seiner heutigen Betrachtung heraus muss Gottfried sagen, dass ihm letztlich *alle* Ereignisse seines Lebens „zum Guten gedient" haben. Der, der er heute ist, ist er auch nur durch *alle* diese Erfahrungen. Dieser „Genesungs- und Reifungsweg", der bereits hinter ihm liegt, lässt ihn heute sagen: „Ich lebe gern und ich bin anders (oder vielleicht auch gar nicht so viel anders), als viele Menschen, mit meinen (anderen, vielleicht etwas engeren) Grenzen und Talenten." Gottfried betrachtet und empfindet sich nicht mehr als „Kranker", sondern als ein immer gesünder werdendes Mitglied der menschlichen Gemeinschaft. Und er ist sich ziemlich sicher, dass der noch vor ihm liegende Teil seiner Genesung und Reifung ihn weiter in diese Richtung führen wird.

8. *Briefe*

Bevor ich diesen Abschnitt beginne, möchte ich nachdrücklich darauf verweisen, dass alle Texte in diesem Buch zu einer bestimmten Zeit und aus einer speziellen Situation heraus entstanden sind. Sie entsprechen dadurch nicht immer meinen *heutigen* Sicht- und Erlebnisweisen. Das trifft auch gerade auf die meine Eltern betreffenden „früheren" Aussagen und die nachfolgenden Briefe zu. Meine *heutigen* Sichten der „Verhältnisse" und „Beziehungen" widersprechen manchmal sogar scheinbar den „alten Aussagen". Meine Absicht in diesem Buch ist es, meine ganz persönliche Entwicklungs- und Heilungserfahrungen (mit-) zu teilen. Die damaligen „Entwicklungsschritte", „Erkenntnisse" „Erlebniswelten" und „Wahrheiten" waren für meine Genesung notwendig und auch zu ihrer Zeit berechtigt. Sie entsprechen aber nicht immer den damaligen „wirklichen Realitäten", sie waren *damals meine* „innere Realität". Aber ich habe mich - Gott sei Dank! - weiterentwickelt und sehe heute vieles mit einem gelasseneren Blick und in einem viel positiveren Licht. Gerade in Bezug auf meine Eltern wurde mir inzwischen sehr deutlich, dass sie damals in ihrer Situation das „Beste" für uns tun wollten und auch das ihnen damals bestmögliche für uns getan haben. Auch sie waren Kinder *ihrer* Zeit, der Kriegs- und Nachkriegszeit. In vielerlei Beziehung wussten sie es damals nicht besser und konnten sie nicht anders handeln. Inzwischen kann ich ihre Handlungsweise viel besser verstehen und achten. Ein toller Nebeneffekt ist: In mir tauchen aus der Vergangenheit immer mehr positive Erlebnisse mit ihnen auf. Ich kann meinen Eltern heute auch mit einer tiefen Dankbarkeit begegnen. Unsere Beziehung hat sich inzwischen „normalisiert.

Brief an Mutter

Es fällt mir sehr schwer, diesen Brief an dich zu schreiben, weil ich befürchte, dass du jede Aussage von mir nur negativ werten wirst. Er ist aber von meiner Seite aus nicht als Vorwurf oder Anklage gedacht. Dies Brief soll eine Art Bestandsaufnahme aus meiner heutigen, ganz persönlichen Sicht sein. Ob alle Aussagen hundertprozentig der Realität entsprechen, kann ich nicht beweisen und will es auch nicht. Sie entsprechen meinem heutigen Empfinden, und sogenannte Erinnerungen können sich im Laufe der Zeit ändern. Das kennst du ja sicher auch von dir selbst, obwohl du diese Tatsache nie zugeben würdest. Aber das spielt auch keine Rolle, denn du wirst diesen Brief wahrscheinlich nie erhalten.

 Es ist in gewisser Weise ein Abschiedsbrief für mich, da ich mich von dem Gedanken und der Hoffnung inzwischen verabschiede, jemals in diesem Leben noch Dinge auf angemessenem Wege mit dir klären zu können. Du würdest nur wieder anfangen, deine altbekannten Spielchen zu spielen, denen ich mich selbst heute noch nicht ganz entziehen kann; soweit bin ich noch nicht. Gespräche mit dir entsprechen jedes Mal einer Selbstverletzung meiner Seite. Wenn wir jemals eine „richtige" Mutter-Sohn-Beziehung hatten, so ist davon durch die vielen verspritzten Gallensäfte von beiden Seiten nichts mehr übrig.

Ich habe eine gewisse Achtung und Dankbarkeit dir gegenüber behalten, denn natürlich habe ich von dir wichtige positive Dinge für mein Leben mitbekommen: Deine Logik, die Fähigkeit, unabhängig zu denken und die Art und Weise, zu lernen und sicher vieles mehr. Mehr als ich vielleicht auch zugeben will. Ihr habt uns Kinder als Eltern immer physisch gut versorgt. Aber beginne ich am Anfang.

Vielleicht hast du dir wirklich Kinder gewünscht und nicht nur, weil es so üblich war zu dieser Zeit. Das kann ich nicht beurteilen. Ich persönlich denke, du wolltest zumindest ein Mädchen, was dir bei der Geburt von drei Jungen leider verwehrt blieb. Meine Cousine Christine sagt ja heute noch, dass du wie eine Mutter für *sie* warst. Du sagst zu mir: „Du warst ein Wunschkind." Mein Gefühl sagt schon lange und noch heute, du wolltest zumindest nicht so etwas wie mich oder ich war in diesem Sinne ein „Betriebsunfall".

Meinen leiblichen Geburtstag empfinde ich spätestens seit meiner Jugend als Wurftag und bezeichne ihn für mich auch so. Du hast dann diesen Tag schon zu Kinderzeiten als Druckmittel gegen mich verwendet, er wurde zur Möglichkeit der Bestrafung für dich, die du ja auch genutzt hast. Mir ist der bei diesem Anlass nie fehlende Satz von dir noch immer im Ohr: „Eigentlich müsste an diesem Tag die Mutter gefeiert werden, denn sie hat ja furchtbar gelitten." Oder dieser: „Durch dich habe ich meine frühere tolle Figur verloren, da meine Bauchdecke in der Schwangerschaft mit dir gerissen ist." Was diese immer wieder verteilten Giftpfeile mit einem kleinen blonden Kerl machen, hat dich wohl nie interessiert.

An der Brust gestillt hast du bestimmt keinen von uns, ich erinnere mich nur an die Milchpumpe. Manchmal denke ich, du wolltest dir deine Brust nicht auch noch durch uns verderben lassen. Du hast abgepumpt und uns dann mit der Flasche gefüttert, jedenfalls bei Rolf und Jens war das so. In Ordnung, es war damals modern so, übrigens: Frauenbrüste ekeln mich bis heute an.

An Körperkontakt kann ich mich überhaupt nicht erinnern, obwohl du mich ja in den ersten sechs Wochen und dann immer am Sonntag gewickelt haben musst. Ich weiß nicht, ob ich jemals auf deinem Schoß gesessen habe, ich habe dir das auch einmal gesagt. Da hast du dann auf alten Bildern selbst nach Beweisen dafür gesucht, erzählte Christine mir. Nur hast du wohl keine gefunden, sonst hättest du sie mir unter die Nase gerieben. Die wenigen Male, die ich Trost in deinen Armen gesucht habe, hast du es immer verstanden, mich rechtzeitig durch deine Worte und dein Verhalten von dir fernzuhalten. Mein Gefühl ist, dir war und ist Körper-und empathischer Kontakt zu *mir* unangenehm.

Ich denke, wir hatten und haben letztlich beide Angst voreinander. Warum das bei dir gegenüber mir als Kind so war, werde ich wohl niemals erfahren, denn zu deinen wirklichen Gefühlen wirst du nicht stehen. Ich kann nur vermuten und fühlen, dass es einen Hass in Bezug auf Männer in dir gibt. Was sie dir angetan haben zählt auch zu deinen „Geheimnissen", über die du niemals mit uns sprechen würdest. Obwohl dir manchmal der Hass schier aus den Augen quillt, hasst *du* natürlich nicht, denn *du* bist ein „guter, besserer Mensch" und hast auch immer recht. Deine heutige Angst vor mir kann ich schon nachvollziehen, denn ich war und bin der furchtbarere von uns Söhnen. Seit meiner Jugend kratze ich schon an deinen scheinheiligen und wackligen Fassaden und wehre mich gegen deine zerstörerischen Spiele. Wahrscheinlich war ich nie der unterwürfige Bauer in deinem Schach, ich entspreche nicht deinen Regeln.

Meine Angst vor dir als Kind hast du selbst aufgebaut: Die Angst vor deinen manchmal erniedrigenden, verletzenden Worten, vor deinem Misstrauen, vor deinem tage- oder wochenlangen Schweigen, den Bestrafungen, vor den Schlägen mit dem Teppichklopfer, später Ledergürtel, die erst für uns endeten, als ich es endlich wagte, zurückzuschlagen.

Auch heute noch verletzen mich deine verbalen Angriffe, Vorwürfe und deine Versuche, schlechtes Gewissen in mir zu erzeugen. Fast jeder längerer Besuch bei dir ist wie der Besuch einer mittelalterlichen Giftküche. Du gibst dir viel Mühe mit dem Essen, das ist toll, aber kannst es dir doch nie verkneifen, uns anschließend als schlechte, ungehorsame, (geldgierige Kinder?) zu bezeichnen.

Ich werde es nie verstehen, wie man sein erstes Kind nach 6 Wochen freiwillig und ohne dringende Not für die ganze Woche außer sonntags in eine Wochenkrippe geben kann. Entsprechend deiner Aussage musstet ihr beide arbeiten, um euch neue Fahrräder kaufen zu können. War das der Preis für eine so nie entstandene gesunde Beziehung zwischen uns? Oder hattest du von Anfang an ein gestörtes Verhältnis zu mir? Es gibt ja so etwas, dass Mütter ihr Kind nicht annehmen können. Auch, wenn damals die Wichtigkeit der ersten Jahre für die Entwicklung eines Kindes noch nicht so gesehen wurde, frage ich mich dennoch, wie du das mit deinen Gefühlen klar gekriegt hast. Oder hattest du gar keine oder nur wenige positive in Bezug auf mich? Wenn ich *meiner* Tochter gesagt hätte, als ihr erster Sohn 6 Wochen alt war: Der kommt jetzt weg von dir, du kriegst ihn nur noch sonntags zu sehen, sie hätte bestimmt nach einer Mordmöglichkeit für mich gesucht.

Wenn ich überlege, was zwei Fahrräder am Anfang meines Lebens bewirkt haben, wundere ich mich nicht, dass ich meine drei Stück vor ein paar

Jahren auf den Schrott geschafft habe und nur noch laufen will. Du hast mich nie wirklich kennengelernt, kein erstes Lächeln, kein erstes Brabbeln, keinen ersten Schritt, kein erstes Wort, selbst trockengelegt wurde ich seltenst von euch. Du hast mal gesagt, das hätten dir die Krippen-Schwestern dann alles erzählt. Wie das denn, wenn mich die *Putzfrau* der Sparkasse, Montagmorgen in die Krippe geschafft hat und dann Samstagabend wieder abgeholt hat? Du hast gesagt, du hättest nie gewusst, was ich denke und was in mir vorgeht, ja wie hättest du denn auch? Wann war ich denn die ersten Jahre mit euch zusammen?! Hast du mich jemals *wirklich* geliebt? Ich weiß es bis heute nicht. Wenn ja, dann ist deine Liebe auch später nie bis zu mir durchgedrungen. Manchmal denke ich, auf deine spezielle Art wirst du es wohl schon haben. Der Krieg in deiner Kindheit hat bestimmt sehr viel in dir zerstört. 1945 warst du zehn Jahre alt. Erst dein gewalttätiger, saufender Vater, der Krieg, später Russenarbeitslager bis 1950. „Zu uns Kindern waren die Russen gut!" - Deine Worte. Was hast du *wirklich* selber erlebt oder mit ansehen müssen, was hast du mit deiner Mutter, deiner 5 Jahre älteren Schwester erleben müssen? Was hast du erlebt, du warst schon 15? Ich will dir nichts vorwerfen, ich würde aber gern verstehen, warum du so geworden bist, wie du bist. Ich hätte gern geklärt, warum die Dinge zwischen uns so gelaufen sind, wie sie es sind, dir meine Sicht- und Fühlweise erklärt. Ich habe mich immer danach gesehnt, dass du mich *einmal* verstehst. Du hast immer in deinen Welten gelebt, von denen wir nichts sahen, und ich hatte meine Welten, von denen du bis heute keinen blassen Schimmer hast und, wie ich ebenfalls vermute, auch keinen haben möchtest. Das Einzige, was uns verband, war die gespielte „heile Welt" zu Hause. *Du* hast immer allein bestimmt, was gespielt wurde. Alle Spielverstöße wurden gewissenhaft geahndet, du hast dann sofort dafür gesorgt, dass wir uns schlecht, schuldig und falsch gefühlt haben. Es gäbe noch Vieles zu sagen zu diesem Thema.

Manchmal denke ich, hätte es *einen* Menschen in meiner Kindheit gegeben, der mir erklärt hätte, warum diese Welt so läuft, wie sie läuft, der meine vielen Fragen zumindest teilweise beantwortet, der sich für meine inneren Welten wirklich interessiert hätte, so wäre mir manches erspart geblieben. Die einzigen Fragen, die du mir immer gut beantwortet hast, waren Fachfragen aus der Schule. Du wolltest besondere Kinder, hast du mal gesagt. Die hast du jetzt auch, beide fast durchgehend arbeitslos seit der Wende. Wir sind beide schwere Enttäuschungen für dich. Zwei Söhne, die nach deiner geäußerten Meinung nach zu faul zum Arbeiten sind. Eigentlich könnten wir gar nicht deine Söhne sein, denn du hast dir deine Rente schließlich schwer erarbeiten müssen.

Wir waren dir als Kinder schon immer mehr Last als Freude, für unsere *wirklichen* Gefühle hast du dich nie interessiert. Du hast uns gegeneinander ausgespielt und dafür gesorgt, dass ich erst mit 30 Jahren Brudergefühle in mir entdecken konnte. Wenn ich *in mich* spüre, kann ich keine oder wenig Liebe für dich finden, eher ein mitleidiges Bedauern. Wohl auch ein Meer weggedrückter Tränen, unerfüllter Sehnsüchte nach Zuneigung, Zuwendung und emotionaler Geborgenheit. Ich finde Wut und manchmal Hass, viele tiefe Verletzungen, die langsam endlich zu Narben werden. Du wolltest bestimmt auch eine „*gute Mutter*" sein, was immer das auch bedeuten soll. Ich hasse diesen Begriff, eine einfache, emotional zugängige hätte mir schon vollkommen gereicht.

Deine Reaktion auf diese Zeilen wären jetzt entweder versteckte, gerade noch sichtbare Tränen oder anschließendes „Visier zuklappen", in der Hoffnung auf ein in mir wachsendes schlechtes Gewissen. Oder dein allzeit beliebter Satz: „Das bildest du dir alles bloß ein!"

Obwohl du noch lebst, sage ich dir: „Leb' wohl!". Die Hoffnung, auf ein anderes, besseres Verhältnis zu dir habe ich nach den vielen fruchtlosen Bemühungen nun aufgegeben. Du bist jetzt fast 81 Jahre alt. Ich ahne, dass ich dich nie wiedersehen werde. Tschüs,

                dein Sohn!

Brief an Vater

Du wirst in diesem Jahr noch 80 Jahre alt. Wie lange ich noch Zeit habe, dir dies zu schreiben, kann keiner sagen. Das Durchschnittslebensalter unserer Familie liegt wohl bei über 80 Jahren. Ob du Angst vor deinem Tod hast? Ich weiß so vieles nicht von dir und habe mir bis heute oft gewünscht, ich würde dich besser kennen. Das Wenige, das ich weiß, stammt meist von jenem Abend in Chemnitz, als ich dich nach einer meiner Therapien darum gebeten habe, aus deiner Kindheit zu erzählen. Dieser Abend hat sich tief in mein Gedächtnis eingebrannt, weil ich eine wertvolle wirkliche Nähe zwischen uns spüren konnte. Es hat mir geholfen, viele Dinge zu erklären und zu verstehen, die es in deinem und letztlich daraus folgend auch in meinem Leben gegeben hat. In letzter Zeit habe ich mehrere Bücher über Kriegskinder und über die Zeit deiner Kindheit gelesen. Da du nicht mehr von dir erzählen willst oder kannst, habe ich versucht, über diesen Weg etwas mehr zu verstehen. Denn, auch wenn du es vielleicht nicht bemerkt hast oder ich dir das nicht vermitteln konnte, ich habe mir mein Leben lang immer emotionale Nähe zu dir gewünscht, ebenso zu Mutter. Aber Mutter ist ein Thema für sich.

Alles, was ich dir hier schreibe, ist nicht als Schuldzuweisung oder Vorwurf *dir* gegenüber gedacht. Meine Grundeinstellung dazu ist heute: Dinge laufen manchmal einfach so, wie sie laufen und

Vergangenheit ist nicht richtig oder falsch, sie war so, wie sie war, ändern lässt sie sich eh nicht mehr. Irgendeine *Bewertung* von vergangenen Ereignissen bringt nicht viel. Aber wenn ich versuche, die *Hintergründe* zu sehen, kann es mir vielleicht helfen, manches aus einem anderen Blickwinkel zu betrachten als bisher und dich und meine eigenen Reaktionen darauf besser zu verstehen. Es gibt in unserer Geschichte einige Erlebnisse, die ich bis heute nicht richtig einordnen kann und die mich auch heute noch so verfolgen, dass ich sie bisher noch nicht loslassen konnte. Deine Sicht von manchen dieser Ereignisse könnte mir dies vielleicht einfacher machen. Es passiert auch hin und wieder, dass Erinnerungen neu aus der Versenkung auftauchen, die sich bisher irgendwo in meinem Kasten da oben lange schlafen gelegt hatten.

Wenn ich heute - selten genug - bei euch bin, erlebe ich dich leider meist als einen frustrierten und verbitterten alten Mann. Ich erinnere dich noch einmal daran, dies ist nicht als negativ bewertend oder verletzend gedacht, sondern es ist einfach meine subjektive Wahrnehmung der Situation. Locker und flippig habe ich dich eh nie erlebt. Höchstens, wenn du Alkohol getrunken hattest, konnte ich ahnen, dass es diese Seite auch einmal an und in dir gegeben haben könnte. Als Kind habe ich dich als übergenauen, strengen, arbeitsamen Vater wahrgenommen. Was glaube ich zu wissen?

Von der Zeit im Krieg bis zu den Heimen hast du mir gar nichts erzählt. Dein Vater war in Kriegsgefangenschaft bei den Russen und vorher bei Operation TODD. Deine Mutter war 1945 Prostituierte, bis man ihr, wohl auf Grund von Schießereien im Haus, alle 4 Kinder wegnahm und in mehrere Heime steckte. Das erste Heim von dem du erzähltest, war ein Diakonissenheim. Dort ging es sehr streng zu und es gab nicht genug Betten, fast alle Kinder waren Bettnässer und so musstest du dir das Bett mit einem Jungen teilen, der jede Nacht einnässte und auch öfter einkotete. Du warst damals wohl um die 10 Jahre alt. Später, als einziges Heimkind hast du die Oberschule besucht. Du kamst in ein anderes Heim an einem See in Brandenburg. Du warst trotz Mobbing durch deine Mitschüler und auch bestimmte Lehrer genug motiviert, wolltest aus deiner Herkunftssituation im Heim heraus und Erfolg haben, wie die meisten anderen in deinem Alter auch. Anschließend hast du in Chemnitz eine Autoschlosserlehre abgeschlossen und Mutter kennengelernt. Ihr habt geheiratet und seid dann wegen einer Wohnung in eine Stadt an der Polen-Grenze gezogen. Inzwischen hattet ihr mich bekommen. Als Hobby hattest du Segelfliegen. Ich kann mich noch erinnern, mit dir ein paar mal auf dem Segelflugplatz gewesen zu sein. Da war ich so um die 6-10 Jahre alt. Mutter hat dich dann vor die Alternative gestellt: Sie oder der Segelflug. Du hast dich für die Familie entschieden. Vielleicht war *das* der Zeitpunkt, an dem du aufgehört hast, dich ihr gegenüber zu behaupten. Aber ich denke du hast es vielleicht nie getan.

Was schätze ich an dir? Du hast handwerkliches Geschick, das habe ich von dir geerbt. Du warst und bist auf deine Art sehr kreativ, hast tolle Spielsachen für uns Kinder gebaut. Das von dir gebaute Tretauto war der Knaller in der gesamten Nachbarschaft! Du hast dich auch an neuen Sachen versucht. Von dir stammt mein Interesse an der Elektrik und Elektronik. Auf alten Dias ist zu sehen und zu spüren, das wir Kinder dir wichtig waren und dass du auch versucht hast, möglichst viel Zeit mit uns zu verbringen. Wesentlich mehr Zeit als Mutter es konnte oder wollte. Wenn ich einen Unfall hatte oder es mir schlecht ging, habe ich dich als „Retter" in Erinnerung. Du hast mich zum Arzt oder in die Klinik gebracht. Es liegt mir fern, euch gegeneinander auszuspielen. Aber ich kann kaum Erinnerungen finden, in der mir Mutter in einer Notsituation beigestanden hätte. Wenn, dann warst du das eigenartigerweise, Mutter hatte wohl mit sich selbst zu tun. Gerade dafür danke ich dir besonders, denn du warst derjenige, der mir noch am ehesten das Gefühl vermittelt hat, ich bedeute ihm etwas. Es ist für mich nach wie vor eines der größten Rätsel in meiner Vergangenheit: Warum habt ihr mich nach 6 Wochen in die Wochenkrippe abgegeben? Vor kurzem habe ich den Jüngsten meiner Tochter im Alter von 6 Wochen auf dem Arm gehabt. Ich war bei Weitem nicht der beste Vater. Aber wie habt ihr das damals geschafft? Ihr als Eltern eures *ersten* Kindes, es ist mir völlig unbegreiflich und macht mich heute noch sprachlos. Es ist so gegen jeden Elterninstinkt, fühlt sich so „unnatürlich" für mich an. Es hat Bindungen behindert, nicht entstehen und Vertrauen nicht wachsen lassen. Es hat eine gesunde Basis für unsere Beziehungen erst gar nicht entstehen lassen.

Deshalb haben wir beide es wahrscheinlich auch nie geschafft, einander wirklich näher zu kommen und wahrscheinlich waren die Mauern unserer Schutz- und Trutzburgen später so dick, dass sich keiner von uns mehr getraut hat, seine eigenen zu verlassen und auf den anderen zuzugehen.

Ich bin dein Sohn und war damals ein kleiner blonder Junge. Ich frage mich, was hat dir schon damals soviel Angst gemacht, dass du mich nicht mal in den Arm nehmen konntest? Um mich vielleicht einmal fest an dich zu drücken und mich zu trösten, ich hatte es oft so nötig. Was macht uns heute noch so viel Angst voreinander, dass es nach wie vor kaum möglich ist, uns zu umarmen? Vielleicht hätten wir es beide bitter nötig, von mir weiß ich dies ganz genau. Warum haben wir es nie geschafft, mal beide zusammen ein paar Tränen zu verlieren, wie ich es mit meinen Kindern heute, Gott sei's gedankt, endlich kann? Warum sind wir uns so ähnlich und doch so fremd geblieben? In meiner inneren Welt leben ganz viele Kinder, ich kann doch auch deine in dir schreien hören. Hinter all deiner tiefen Verbitterung in Bezug auf die „böse Welt", die Menschen und vielleicht auch mir gegenüber, kann ich doch *dein* Meer der „ungeweinten" und vor dir selber „unerlaubten" Tränen deutlich spüren. Warum ist dein Misstrauen mir gegenüber immer so groß gewesen? Denkst du, ich will dich betrügen, dich verletzen, an euer Geld? Es tut so furchtbar weh, wenn ich erkennen muss, wie wenig du mich als mein Vater kanntest und kennst, dass du anscheinend keine Ahnung von meinen Einstellungen und Wertvorstellungen hast. Warum konntest du mir schon als Kind nur so wenig Vertrauen schenken, wo ich doch als dein kleiner Sohn so sehr darauf angewiesen war? Warum musste ich mich in meine inneren Welten flüchten, wo ich doch so gern Teil *deiner* inneren Welten gewesen wäre? Warum habe ich mich auch vor dir nur noch geschämt für meine Ängste und Gefühle, warum habe auch ich sie so tief vergraben müssen? Warum hast du mir nicht geholfen, die Welt zu verstehen? Lag es daran, dass die Welt schon damals für dich so böse und schlecht war, wie sie es heute noch ist? Oder konntest du vielleicht schon damals die Gefühle deines kleinen Sohnes nicht ertragen, weil sie dich an die Verletzungen und Wunden deiner eigenen Kindheit erinnert hätten? Warum kannst du alle Versuche von uns erwachsenen Kindern, euch zu helfen nur als frontale Angriffe sehen? Dies alles sind unbeantwortete Fragen und es gibt noch viele mehr. Noch einmal, sie sind in keiner Richtung als Anklage oder Vorwurf gedacht. Sie machen mich nur unendlich traurig, und ich kann diese Traurigkeit auch in dir spüren, auch wenn du versuchst, sie in dir so tief, wie nur irgend möglich zu verstecken, weil du sie vielleicht selber nicht mehr spüren willst oder kannst.

Mutter hat uns vorgeworfen, dass uns als erwachsene Kinder erst die Therapien „versaut" hätten, mich aber haben sie befreit. Ich kann heute viel besser zu meinen Gefühlen stehen, ob es Scham, Angst, Wut, Hass, Trauer, Schuld, Freude oder Glück ist. Ich muss sie nicht mehr verstecken, zumindest nicht vor mir vertrauten Menschen. Je mehr es mir gelingt, mich ihnen gegenüber zu öffnen, um so mehr zeigen mir oft andere Menschen auch von *ihrer* Welt. Es ist nicht leicht, in die eventuell modernden Keller und Gewölbe der Vergangenheit hinabzusteigen und die alten schmerzhaften Gefühle auszugraben und endlich freizulassen. Es hat mich viel Kraft gekostet und erfordert immer wieder neuen Mut. Ich habe aber die Erfahrung machen können, dass es sich lohnt und dass man auch dabei bisher verborgene Schätze finden kann, die *meine* Verbitterung lösen helfen, die sich auch in *mir* wieder und wieder festfressen will. Meine Schutz- und Trutzburgen sind endlich gefallen, sie waren mir längst schon zum Gefängnis geworden.

Ich interessiere mich nicht durch Zufall für die Sterbebegleitung. Ich hatte immer mein eigenes besonderes Verhältnis zu Bruder Tod. Ich hatte auch schon einige Begegnungen mit ihm. Meine erste Kindheitserinnerung ist die an Rolfs Tod und deren Folgen auch für mich. Ein wenig von meiner Auseinandersetzung mit dem Tod in meiner Jugendzeit dürftet ihr ja mitbekommen haben. Seitdem lebt Bruder Tod an meiner Seite. Am ersten Wochenende als Hilfspfleger in der Psychiatrie-Klinik habe ich meinen ersten Erhängten abschneiden müssen. Da ich nun inzwischen über 30 Jahre trocken bin und seitdem immer in irgendeiner Form Randgruppenarbeit gemacht habe, hatte ich hin und wieder auch mit versuchtem und vollendeten Suizid von Bekannten und Freunden zu tun. Ich habe mit Bruder Tod erst zeitweise und heute dauerhaft mein „Abkommen" getroffen. Er selbst macht mir keine Angst mehr, höchstens die Zeit vor der Überfahrt.

Ich habe noch sehr positiv in Erinnerung, wie du dich für deine Verhältnisse sehr liebevoll um deinen Vater in seiner letzten Zeit gekümmert hast. Wie du erzählt hast, ist Opa ist Frieden gegangen. Du hattest eine für mich sehr eigenartige Beziehung zu deinem Vater, eigentlich alle in eurer Familie. Manchmal habe ich mich schon gefragt: Wusstest du eigentlich mehr vom Leben *deines* Vaters, als ich es von *meinem* weiß?

Mein größter Wunsch *für dich* wäre: Beende deinen Krieg mit der „bösen Welt", denn so böse ist sie gar nicht und beende den Krieg mit dir selbst, finde endlich *deinen* Frieden in dir.

Ein weiterer wäre auch: Zeige mir mal die kleinen Anteile in dir. Wie war es? Was hast *du* als kleiner Junge erlebt? Sicher auch viel Furchtbares, die Zeiten waren nun mal nicht besser, Adolf und dann der Krieg. Lass mich doch *einmal* in *deine* kleinen

Welten schauen, wenn du das überhaupt noch kannst. Ich möchte sie so gerne kennenlernen und verstehen, den kleinen Jungen von damals *und* den heutigen alten Vater.

 Ich weiß, dass du viele Dinge in und an mir nie ganz verstehen wirst, und mir geht es wahrscheinlich ähnlich in Bezug auf dich. Es wäre schön, wenn wir es dennoch noch einmal versuchen würden.

 Dieser Brief ist ein Versuch, dir ein wenig von *meinen* Welten zu zeigen. Ich bin mir nicht einmal sicher, ob ich ihn abschicken sollte und werde es vielleicht auch nicht tun. Ich bitte trotzdem darum, vielleicht nur in meinen Gebeten: Lass uns miteinander sprechen, solange noch Zeit dazu ist, denn nicht Grabsteine sind für mich wichtig, sondern die Erinnerungen an dich.

      Ich hab dich lieb, dein Sohn!

PS: Wie sich unsere Beziehungen leider entwickelt haben, muss ich mich nun damit abfinden, dass sich diese Wünsche nicht mehr erfüllen werden.

Leere Seiten, unbeschriebenes Blatt -
Leben füllt Zeile um Zeile.
Worte der Liebe, Worte voll Hass,
Worte, so giftig wie Pfeile.

Verwundetes Herz, so voller Schmerz
lagert in uralten Briefen,
gehäuft Schicht um Schicht;
du öffnest sie nicht -
fürchtest unendliche Tiefen.

Brief an meinen Bruder

Wenn ich heute an dich und euch (deine Frau ist selbstverständlich mit angesprochen) schreibe, geschieht das aus dem Bedürfnis heraus, euch zu danken.

Denn jedes mal wenn ich bei euch sein kann, ist das für mich Urlaub vom Alltag und Tankstelle für meine Seele. Ich kann sehr gut „abschalten", das Reden, die Ausflüge, Spaziergänge und die Landschaft tun mir gut. Es gibt von meiner Seite keine „Tabuthemen" zwischen uns, ich muss nicht dauernd aufpassen, was ich sagen darf und was nicht. Auch die langen Telefongespräche, die wir gelegentlich miteinander führen, empfinde ich als Kurzzeitquelle und -pause im täglichen Einerlei. Ich möchte nicht „Schleimen", doch manchmal denke ich, euch ist gar nicht bewusst, wie *wichtig* solche „Gelegenheiten" für mich und meine Genesung sind. Ihr schenkt mir das Gefühl, dass ich euch keine Last, sondern Bereicherung und auch willkommene Abwechslung in *eurem* Alltag bin.

Uns als Brüder verbindet eine „gemeinsame" Kindheit im gemeinsamen Elternhaus. Es war wie eine „Offenbarung" für mich, als wir uns endlich einander „näher kamen" (ich mit 30 und du mit 25 Jahren). Wir redeten das erste Mal wirklich *offen* miteinander. Es war ein sehr wichtiger Schritt für mich, da ich erkennen konnte, dass meine „Ansichten" und „Denkweisen" *nicht* denen eines Aliens entsprachen. Ich stellte im Gegenteil fest, dass viele Sichtweisen auf das Leben und unsere Erfahrungen in Bezug auf die Kindheit und Jugend sich deckten oder zumindest ähnelten.

Zu diesem Zeitpunkt begannen die Mauern meiner inneren Isolation langsam, zu bröckeln. Ich konnte nun auch das erste Mal „Bruder-Gefühle" in mir entdecken und spüren. Heute ist es für uns selbstverständlich, dass wir auch über unsere Emotionen sprechen.

Ihr habt eure Erfahrungen mit mir als „Trinker" gemacht, ich habe euch damals sicher mehr als einmal in peinliche Situationen gebracht und auch einen Urlaub „versaut". Ich hoffe und glaube, dass ihr mich trotzdem nie als „Versager", „verkommenes Subjekt" oder „hoffnungslosen Fall" betrachtet habt. Ich meine zu spüren, dass ihr mir diese Dinge vergeben habt und auch dafür möchte ich euch danken.

Ihr lebt euer Leben, ich das meine. Die „Oasen" unserer Treffen werden uns, so hoffe ich, noch lange erhalten bleiben, die Lagerfeuer unter Sternenhimmel, die „Filmnächte", das Frühstück über die Mittagszeit und vieles mehr... Ich wünsche euch und euren Kindern Gottes Segen und viel Freude für die Zukunft. Bei euch war und bin ich Mensch unter Menschen, durfte und darf so sein, wie ich bin. Solche Orte findet man nur sehr selten, es zählt zu dem Wertvollsten, was es in unserer Welt für mich heute gibt. Ich wünsche euch von ganzem Herzen noch viele gemeinsame Jahre miteinander!
                Danke!

Brief an meine Kinder

Wenn ich heute an euch schreibe möchte ich als erstes betonen: Ihr seid das Beste, was ich in meinem Leben je zu Stande gebracht habe. Ihr seid das Produkt unserer Ehe, die ich schon aus diesem Grund nie bereuen werde.

Ich war sicher nicht der „gute" Vater, den ihr verdient hättet. Ich bedaure das heute zutiefst.

Zu oft wart ihr mit eurer Mutter auf euch allein gestellt, da ich nicht anwesend oder so mit mir selbst beschäftigt war, dass ich euch nicht mehr in der richtigen Art und Weise wahrgenommen habe.

Zu oft habe ich *meine* Verantwortung für euch eurer Mutter überlassen.

Zu oft habe ich falsch und zu hart (auch gewalttätig) in Auseinandersetzungen mit euch reagiert.

Mir ist bewusst, dass ich in euch tiefe Verletzungen verursacht habe, an deren Folgen ihr noch heute und in der Zukunft zu „knabbern" haben werdet. Aber das Trostvolle für mich ist, dass wir inzwischen darüber sprechen können und ich eure Bemühungen spüren kann, mir meine Schuld zu vergeben.

Das Verhältnis, dass wir jetzt zueinander haben dürfen, sehe ich als eine besondere und wertvolle Bereicherung meines Lebens an. Ihr lebt heute euer Leben und geht eigene Wege und das ist gut so. Ich bin so stolz auf euch, dass ihr dies tut, obwohl ihr nicht gerade die besten Voraussetzungen dafür hattet. Trotz unserem jahrelangen Hartz-IV-Daseins und trotz meines negativen Vorbildes in Bezug auf das (Berufs-)leben habt ihr eure Berufsausbildung erfolgreich abgeschlossen und seid bemüht, das Beste aus eurem Leben zu machen. Es freut mich sehr und ich habe die Hoffnung, dass ihr *euren* Platz in *eurem* Leben finden werdet.

Ihr seid mir immer ein wichtiger Halt gewesen und seid es noch. Ihr habt mir geholfen, zu meinem Weg ein „Ja" zu finden und ihn weiter zu gehen. Ich hoffe, dass ihr meine Liebe zu euch spüren könnt.

Ich bin dir (meiner Tochter) sehr dankbar für das „Vorschuss-Vertrauen", dass du mir entgegenbringst. Du warst und bist immer ernsthaft bemüht, mich in meiner Handlungsweise zu verstehen. Obwohl du meine „Neigungen" kennst, hast du mich nie Vorbehalte in Bezug auf *deine* Kinder spüren lassen, ich kann ganz in meinem Opa-Sein aufgehen und wir können es alle gemeinsam genießen. Selbst Übernachtungen deiner Kinder bei mir sind möglich. Dies sehe ich durchaus nicht als Selbstverständlichkeit an und es ist einer der größten Vertrauensbeweise, den du mir schenken kannst. Du akzeptierst mich als deinen Vater, so wie ich bin und war und das ist toll.

In dir (meinem Sohn) kann ich einige Anteile von mir wiederfinden, obwohl dir das nicht unbedingt als ein Vorteil erscheinen mag. Doch in dir kann ich sehen, dass du sie, so hoffe ich, zu deinem Vorteil nutzten kannst, besser als ich es je konnte. Wir sehen uns jetzt nicht mehr sehr oft, da du nun in

Berlin studierst. Doch die innere Verbundenheit bleibt uns und auch die Erinnerung an gemeinsame Unternehmungen, bei denen wir uns aussprechen und wiederfinden konnten. Es werden hoffentlich noch einige dazukommen.

Was kann ich euch noch mitgeben? Eigentlich nicht viel mehr als meine guten Wünsche für eure Zukunft. Geht eure Wege, meine Gebete werden euch begleiten.

Eurer Vater!

Brief an meine Enkel

Obwohl ihr noch so klein seid und jetzt noch nicht versteht, worum es in diesem Brief geht - aber vielleicht lest ihr später einmal diese Zeilen.

Ihr könnt nicht wissen; aber vielleicht könnt ihr es heute schon spüren, wie wichtig und lieb ihr mir seid. Ich bin glücklich, dass es euch gibt, so wie Gott euch geschaffen hat und dass ich an eurem Leben teilhaben darf.

Ihr seid auch ein Spiegel *meiner* Seele, mit und durch euch kann ich wieder ein Stück Kindheit selbst erleben und nachholen.

Ihr habt auch schon Trennung erleben müssen, als euer Vater sich für die Scheidung entschieden hat. Kind-Sein hat auch schon seine tragischen Seiten. Aber ihr habt eine tolle Mutter, die euch von Herzen liebt und ganz gut mit dieser Situation umgehen kann, so erlebe ich es jedenfalls.

Durch euch hat mein Leben eine zusätzliche frohe Seite dazubekommen. Ihr habt es mir etwas leichter gemacht, mich letztlich auch damit abfinden zu können, nie wieder im Bereich „Kinderarbeit" tätig sein zu können oder zu dürfen. Das Vertrauen eurer Mutter ermöglicht es, dass wir uns trotz meiner pädophilen Neigungen „normal" begegnen können. Dieses Vertrauen ehrt mich. Als euer „Opa-Bau" (von euch so betitelt) erlebe ich viele Glücksmomente mit und durch euch. Mir wird vor Augen geführt, welch wertvolle und wunderbare Geschöpfe ihr auch gerade wegen eurer Unterschiedlichkeit seid.

Nie werde ich den gemeinsamen Urlaub auf dem Floß vergessen oder auch die Tage mit euch in den Jugendherbergen. Die Erinnerungen daran gehören mit zu den wertvollsten Schätzen meines Lebens.

Es ist einfach wunderbar, euch wachsen und reifen zu sehen, auch ihr seid Wunder der Schöpfung. Auch euer Leben wird euch gute und schwere Stunden bescheren, so ist Leben nun mal. Ich hoffe für euch, dass ihr immer Menschen finden werdet, die euch dabei helfen, besonders auch die Täler des Lebens auszuhalten und sie zu durchqueren.

Ich kann euch nicht viel hinterlassen, vielleicht ein paar hoffentlich gute Erinnerungen an unsere gemeinsame Zeit. Aber diese meine Erfahrung will ich an euch weitergeben. Irgendwann werdet ihr vielleicht selbst Familien gründen und eigene Kinder haben. Ihr werdet bestimmt „Fehler" machen und manchmal sogar daraus lernen, wie ich es auch getan habe. Ich bitte euch aber gerade dann ebenfalls daran zu denken, welch wertvolle Menschen ihr in Gottes Augen und den Augen manch eurer Verwandten und Freunde seid.

Ich weiß nicht, wie lange ich dies alles noch genießen darf. Das liegt in Gottes guten Händen. Aber ich möchte euch jetzt schon danken, ihr habt mein Leben um vieles reicher gemacht und ich wünsche euch alles Gute für die Zukunft. Gott segne eure Wege, die ihr einmal gehen werdet.

Euer Opa-Bau!

Brief an die Ex

Ich habe das Bedürfnis, dir zu schreiben obwohl ich weiß, dass dich dieser Brief nie erreichen wird. Du wünscht keinerlei Beziehung mehr zu mir. Du wechselst die Straßenseite, wenn du mich von weitem entgegen kommen siehst und versteckst dich hinter den Regalen, sollten wir uns einmal im Supermarkt begegnen. Im Zug drehst du den Kopf weg und tust, als ob du mich nicht kennen würdest, hast nicht einmal mehr einen Gruß für mich übrig.

Ich finde das zwar sehr schade, denn ich könnte mir gut vorstellen, mit dir ab und zu einen Kaffee trinken zu gehen und sich darüber zu unterhalten, wie es uns heute so geht, über unsere Kinder oder über das ein oder andere Erlebnis aus unserer gemeinsamen Vergangenheit. Aber ich habe mich inzwischen damit abgefunden, dass es so ist, auch mit der „Sippenhaft" deiner Familie mir gegenüber. Schließlich sind wir ohne Streit auseinandergegangen.

Im Grunde kann ich es sogar nachvollziehen, dich verstehen, dass du so reagieren musst, denn ich habe dich in den über 20 Jahren unserer Ehe wenigstens in den Grundzügen deiner Denkweise kennengelernt. *Ich* habe dich ja schließlich verlassen und die Scheidung eingereicht, du wolltest lieber, dass wir getrennt leben aber weiter verheiratet bleiben. Du musst und willst es so sehen: Scheidung ist für dich gleichzusetzen mit Schande, Verrat, Ablehnung, negativer Vergangenheit. *Ich* war Schuld daran, dass sie zerbrach.

Ich sehe das alles schon ein wenig anders. Als ich die Scheidung eingereicht habe, lagen 20 Jahre Ehe hinter uns. Trotz zwei versuchter Paartherapien gab es an ihr nichts mehr zu retten. Unsere Ehe *war* tot. Nur auf dem Papier, zum Schein zusammenzubleiben war für mich nie eine Option.

Wir hatten uns nichts mehr zu sagen, die Kinder wurden selbstständig. Sie waren der einzige Grund für mich, so lange noch zusammenzubleiben. Wir haben es beide nie geschafft, uns auf emotionaler Ebene wirklich zu treffen.

Wir haben beide unsere Vorgeschichte, wir sind beide gebrannte Kinder, was die emotionale Geborgenheit in unserer Kindheit anbetrifft. Du würdest das nie zugeben, denn deine Mutter sitzt nach wie vor auf ihrem hohen Sockel in deinem Wertesystem, du konntest dich nie von ihr lösen. Wir beide waren die ältesten Kinder der Herkunftsfamilie und waren mit den Ansprüchen unserer Eltern an uns maßlos überfordert. Unsere Väter kamen beide aus Heimen, der Krieg hatte sein Übriges getan.

Unsere schnelle Heirat hatte sicherlich auch etwas mit „Torschluss-Panik" zu tun. Deine Eltern äußerten einmal, sie hätten damals nicht mehr damit gerechnet, dich „unter die Haube zu kriegen" und ich war damals schon fast 30.

Trotzdem war ich in dich verliebt, unsere Beziehung war etwas völlig Neues für mich. Es war einfach schön, dich an meiner Seite zu wissen, als verlässliche Partnerin und später als fürsorgliche Mutter unserer Kinder. Unsere Ehe würde ich nie bereuen, es war eine gute Zeit der Gemeinsamkeiten, mit Höhen und vielen Tiefen, die leider viel zu oft von mir verursacht wurden. Ich erinnere mich heute noch oft und gern an das Heranwachsen unserer Kinder, die gemeinsamen Urlaube und die vielen Erlebnisse. Sie gehören nach wie vor zu dem Schönsten in meinem Leben. Unsere Beziehung ist und war die längste und auch „innigste", die ich je zu einem Menschen hatte und das wird auch so bleiben.

In gewisser Hinsicht *war und ist* die Scheidung ein Verrat an dir von meiner Seite aus gewesen. Ja, ich bin schuldig an dir geworden. Ich bin in unserer Ehezeit sehr oft schuldig an dir und auch an unseren Kindern geworden. Viel zu oft habe ich euch allein gelassen. Die Erziehung hast du zu großen Teilen allein bewältigen müssen, wie auch den Alltag. Zu oft war ich nicht in der Lage, dir „unter die Arme zu greifen", war einfach wieder in Therapie oder anderswo. Ich war viel zu viel mit mir selbst beschäftigt, habe mich in mich zurückgezogen und war für dich nicht „greifbar". Das alles tut mir heute sehr leid und ich kann dich nur darum bitten, mir irgendwann zu vergeben.

Letztlich hoffte ich damals auch, dass sich das mit meiner Sexualität durch unsere Ehe „einrenkt". Eine falsche Hoffnung, wie sich herausstellte und wie du wahrscheinlich auch bemerkt hast. Du bist eine liebe Frau, doch völlig unfähig „in die Schuhe eines anderen steigen" zu können und fast alles, was du nicht verstehen kannst, lehnst du ab. Spätestens ab dem Zeitpunkt, als ich dir meine pädophilen Neigungen offenbart habe, bin ich das Gefühl nicht mehr losgeworden, dass diese Ablehnung auch mich betrifft. Doch das war ein Tabuthema zwischen uns, wie auch viele andere Themen.

Wenn eine Beziehung zerbricht, sind meiner Meinung nach beide Seiten beteiligt. Ich hatte und habe mich im Laufe der Jahre sehr verändert. Du siehst die Ursachen unsrer Trennung nur bei mir: Ich war und bin der „Kranke" in unserer Familie. Somit ist bei dir alles in Ordnung und du musst dich nicht verändern. Den Weg, den ich gehen musste bist du nie gegangen. Du tust mir im Grunde leid, denn dieser andere, nicht gegangene Weg hätte auch dich wahrscheinlich befreien können von den Altlasten, die jeder Mensch mit sich rumschleppt.

Ich mag dich nach wie vor noch und ich werde dich nie vergessen oder hassen können. Ich bin dir und Gott sehr dankbar für unsere gemeinsame Zeit. Doch es gab zum Zeitpunkt der Scheidung nichts mehr, was uns wirklich noch verband. Die Hoffnung, etwas zu finden, dass unserer Ehe noch einen Sinn geben könnte, hatte ich nicht mehr, ich sehe das auch heute noch so.

Ich konnte und wollte nicht mehr mit dir zusammenleben. Deine für mich spürbare innere Unzufriedenheit, dein Lebensgrundgefühl, immer zu kurz zu kommen und deine Selbstkritikunfähigkeit haben mir die letzte Hoffnung in Bezug auf unsere Beziehung genommen. Auch du bist und bleibst ein bodenloses Fass, das ich nicht füllen *werde*, *will* und *kann*. Die Befürchtung, dass du dich in deinem Leben eher in Richtung deiner Eltern entwickelst, hat sich leider bewahrheitet, wie mir unsere Kinder bestätigen.

Du hattest inzwischen Krebs, auch das tut mir sehr leid. Du hast ihn wohl soweit bis heute „besiegt". Du ziehst demnächst weiter weg. Ich wünsche dir für den Rest deines Lebens Gottes Segen und Beistand, ein paar gute Freunde (-innen). Lass es dir gut gehen.

Tschüs dein Ex!

Ps.: Du bist inzwischen umgezogen. Ich habe dir dabei helfen dürfen und können. Ich habe es mir immer gewünscht und du hast es zugelassen. Wir haben uns zum Abschied sogar ein letztes Mal umarmen können und sind so in Frieden auseinandergegangen. Ich danke Dir und Gott dafür.

Geschrieben für dich,
 geschrieben für mich.

Geschrieben mit Tränen der Erinnerung,
 geschrieben in Gedanken an Vergebung
- Versöhnung gar.

Geschrieben in Dankbarkeit.
 Geschrieben in Frieden,
nicht mit leichter Hand,
 aber mit stiller Freude.

Brief an mich selbst

Warum schreibe ich an dich, an mich, an „uns"?
 Im Laufe der Heilung der „Seele(n) in mir" und der langsamen „Vereinigung" der „Einzelteile" wird „uns" trotzdem immer eine gewisse Distanz und innere Zerrissenheit bleiben. Oft frage ich mich, ob das bei allen Menschen so ist, oder ob dieses Gefühl der inneren „Trennung" etwas für „uns" Spezifisches, normalerweise *nicht* Vorhandenes ist. *Ein* Aspekt, ein Grund dieser „Abtrennung voneinander" könnte eine Folge „unserer" sehr frühen Kindheitserlebnisse sein, dass wirklich etwas in „uns" zerstört worden ist, „uns" getrennt hat oder dass etwas nicht entstehen konnte, was „gesunde" Menschen „normalerweise" haben. „Wir" haben das Grundgefühl der Geborgenheit und der bedingungslosen Liebe erst spät entdecken können, als „wir" Gott finden durften. Aber ein anderer, *positiver* Aspekt dieser Zerrissenheit oder Distanz könnte auch sein, dass gerade dadurch eine gewisse „Gabe" in „uns" entstanden ist. Dass diese Trennung es erst möglich macht, „uns" gegenseitig aus einer etwas „größeren" Entfernung heraus zu betrachten. Ich finde diese „Selbstreflexionsgabe" hat die „Selbstheilung" ungemein erleichtert, hat sie vielleicht sogar erst „erlaubt". Aus dieser Distanz heraus haben „wir" schon viele Dinge über „uns" herausfinden können. Erst sie hat es früher und noch heute ermöglicht, Zustände und Gefühle

zuzulassen, die vielleicht ohne diese Distanz mehr geschadet, als geholfen hätten. Ich bin mir ziemlich sicher, diese „Gefühle und Zustände" wird es auch in Zukunft hin und wieder geben. Sie sind nicht gerade angenehm, aber auszuhalten.

Wer bin ich, wer sind wir?

Sind „wir" diese Alien-Gefühle, die sich immer wieder einmal melden, diese „Anders-, Alleinseins-Empfindungen, die auch bleiben werden oder dieses „Uns-selbst-nie-ganz-sicher-Sein", die Ängste vor jeglichem Kontrollverlust, Ausdruck ziemlich extremer Gefühlsschwankungen und -ausbrüche?

Bin ich die Hülle der plötzlich unerklärlich auftretenden Körperreaktionen oder „eurer" verschiedenen Personen in mir, die immer wieder auftauchen werden?

„Ihr" habt inzwischen zum größten Teil eure bedrohliche, zerstörerische Macht eingebüßt (Gott sei Dank) und werdet sie noch weiter verlieren. Aussteigen kann ich ja immer noch, das ist mir möglich, das haben „wir" gelernt. „Ihr", die durch mich vielleicht verkörperten Anteile, seid zu „alten Bekannten" geworden, gegen die ich mich nicht mehr wehren muss und will. „Ihr" gehört zu meinem mir jetzt selbst erlaubten Leben.

„Eure" Existenz bedeutet heute für mich Sicherheit und „ihr" seid personifizierte Teile meines Friedens.

„Ihr" seid auch das lockende und doch angstmachende Unbekannte in mir, die Zusammenhänge, die ich (noch) nicht erkenne, das, was ich nie verstehen werde, was sich mir entzieht.

Wer seid „ihr", warum löst „ihr euch" nicht auf? Seid „ihr" die Sucht, im Sinne von Siech-(Krank-)Sein aber auch im Sinne von auf der Suche-Sein? Seid „ihr" mein Antrieb, der Wille, auf dem Weg weiterzugehen, mich weiter zu verändern oder verändern zu lassen? Wenn ich auch manchmal noch den Drang verspüre, „euch" für immer loszuwerden, kann ich doch oft schon eine innige Liebe zu „euch" fühlen.

Ich denke, „ihr" seid wohl zumindest zum Teil ebenso der inzwischen erwachsen gewordene Anteil in mir, den ich zumindest nicht mehr so vehement wie in der Vergangenheit ablehne.

Mein Verständnis und die Geduld „euch" gegenüber ist viel größer geworden als früher. Ich kann „euch eure" (und damit auch meine) Fehler heute schon viel besser vergeben.

Diese narzisstische Selbstverbundenheit wird immer ein Erbe „unserer" Geschichte bleiben, genau wie die introvertierte Selbstbeschäftigung mit „uns" selbst. Doch die ehemalige, abgeschottete *Selbst-Besessenheit* geht langsam, weicht einer Öffnung in Richtung Welt und der Zuwendung zu anderen Menschen und zu Gott.

Aber die Risse im Spiegel bleiben und die Leerstellen einiger noch *fehlender* Spiegelsplitter. Doch ich kann euch *und* mich jetzt in seinem Bilde sehen, „ihr" seid immer weniger Fremde für mich. Es gelingt mir gelegentlich, euch zu umarmen, wie ich es mit den Kindern in „uns" schon oft getan habe. „Wir" *waren* einmal getrennt, heute sind, bleiben und werden „wir" **WIR**. Ich möchte niemals im Leben mehr, dass wir wieder zu Feinden werden und das ist auch eure Absicht, *dessen* sind *wir uns* wenigstens *gewiss:* Wir wachsen zusammen, auch wenn wir in gewisser Weise zumindest gegenwärtig noch getrennt bleiben. Und dafür danke ich euch.

9. *Wolkengeschichten*

Manchmal, wenn die Absurditäten der Realität oder anderer Menschen mir zu viel werden oder drohen, mir *zu* nahe zu kommen und ich vielleicht in Gefahr laufe, die Kontrolle zu verlieren, hat meine Seele, hat meine Phantasie, hat Gott im Laufe der Zeit in mir die Möglichkeit erschaffen, auf Distanz zu gehen. Ich verschwinde dann im Kern einer großen wandernden Wolke und es gelingt mir so meist, die Gegebenheiten aus einer entfernteren, neuen und nicht mehr so bedrohlichen Perspektive zu betrachten. So entstanden die Wolkengeschichten.

Karnewaldsländ
- kleine Zwerge -

Es war einmal und ist wohl noch, wenn es inzwischen nicht vergangen ist. Ich entdeckte in meiner dahinziehenden Wolke hinter sieben mal sieben Müllhalden und sieben mal sieben ölverseuchten stinkenden Tümpeln einen Kontinent, auf dem lauter Zwerge wohnten. Auf diesem Kontinent gab es auch ein Land, dass sich „Karnewaldsländ" nannte. Es war ein sehr lustiges Land. Dort wohnten kleine Zwerge in großen Städten mit vielen kleinen, engen Wohnungen und große Zwerge in extra gesicherten kleinen Siedlungen mit großen Villen und weitläufigen Gärten und Parks.

In diesem Land arbeitete ein Teil der kleinen Zwerge in riesigen überdachten Plantagen. Sie hatten dafür zu sorgen, dass immer genügend buntes und abwechslungsreiches Obst und Gemüse für die großen Zwerge zur Verfügung stand. Um sie von all den anderen vielen kleinen Zwergen unterscheiden zu können, trugen sie frohe, mit Gras eingefärbte Masken, auf deren grüner Stirn in grellem Rot die Buchstaben B, I und O zu erkennen waren. Zusätzlich hatten sie braune Lederhosen an, mit breitem Latz für die männlichen und schmalem Latz für die weiblichen Exemplare von ihnen.

Außer diesen grünbraunen Kleinzwergen in den Plantagen gab es noch viele andere Gruppen von kleinen Zwergen in dem Karnewaldsländ. Die einen trugen blaue Overalls und waren zuständig für alle handwerklichen Tätigkeiten. Ihre gelbschwarzen Masken hatten einen zu einem O geformten Mund, der sie jederzeit, wenn ihnen mal ein Fehler unterlief oder etwas nicht funktionieren wollte, sagen ließ: „Oh, das liegt am Material" oder: „Oh, das ist Importware, das haben bestimmt die Chinasengnome aus Ohsien hergestellt."

Aber es gab zum Beispiel auch die Feuerwehrszwerge mit roter Gasmaske und gelb lodernder Bemalung auf ihrer feuerfesten Bekleidung. Deren Aufgabe war es, regelmäßig an jedem Wochenende zur Belustigung der kleinen und großen Zwerge Feuerwerke in den Städten zu verunstalten und anschließend die in Brand geratenen Häuserfronten wieder zu löschen und dabei heldenhaft möglichst viele kleine Arbeitszwerge zu retten. Diese lieferten sie dann bei den mit weißen Kitteln bekleideten Pflegezwergen ab. Diese trugen weißschwarze Wendemasken. Die weiße Seite drehten sie nach vorn, wenn sie die wahrscheinlich überlebenden Zwergpatienten behandelten und die schwarze Seite nach vorn bei den im Keller liegenden, die die Medikamentenüberdosis nicht so gut vertragen hatten und die auf ihren baldigen Tod und die schwarz eingefärbten Bestatterzwerge warteten.

Vergessen darf man auch nicht die kleinen Industriezwerge mit den grauen Schlosseranzügen und den aalglatten, marmorierten Steinmasken, in denen der Mund, die Nase, Augen und Ohren nur mit Schlitzen angedeutet waren. Sie sollten ja nur die Dinge wahrnehmen, die für ihren jeweiligen Arbeitsgang unbedingt notwendig waren. Sie fertigten in unterirdischen Höhlen am Fließband jahrein, jahraus die Fluggeräte, die in verschiedenen Größen, Drehzahlen und Ausstattungen für die großen Zwerge bestimmt waren.

Die Dinge des täglichen Bedarfs wurden inzwischen im Karnewaldsländ fast alle importiert. Die Gnome, die in Ohsien lebten oder die Trolle in Eufrica fielen aus Dankbarkeit vor den großen Zwergen auf ihre Knie, wenn sie mit einem oder zwei Obstblättchen pro Tag bezahlt wurden.

Besonders wichtig waren natürlich auch die kleinen Kanonenfutterzwerge, die schwer bewaffnet, in Tarnmasken und gefleckten Uniformen steckten.

Sie dienten der Ordnungsaufrechterhaltung und wurden nur ab und an in Grenzkonflikten verheizt. Damit fanden die Großzwerge auch einen gerechten Grund, immer neuere, bessere und teurere Waffen produzieren zu lassen. Diese Waffen ließen sich auch besonders gut exportieren, denn auf diese Art und Weise entstand nie Frieden. Der karnewaldsländer Haushalt wurde dadurch immer ausgeglichener.

Ich entdeckte aus meiner Wolke heraus auch, dass die großen Zwerge für die Kleinzwergenkinder umzäunte Jahreserziehungsstätten hatten errichten lassen, um zu verhindern, dass ihre Erzeuger zu viel negativen Einfluss auf ihre Minikinderzwerge nehmen konnten. Außerdem ließen sich die Minis so viel besser und rechtzeitig nach ihrer Eignung vorsortieren. Es konnte so auch nicht passieren, dass sich in ihnen vielleicht noch eigene Gedankengänge verselbständigten. Deshalb wurden ihre Minimasken auch mit Scheuklappen verziert. Sie bekamen dann bald eine ihrer Sortierung nach entsprechende Bemalung. Früher hatte es in diesen Jahreserziehungsstätten sogar noch Lehrer gegeben. Doch im Laufe der Erneuerung und Verbesserung der Zwergengesellschaft wurden die Lehrerzimmer immer leerer, so wurde genügend Raum geschaffen für die modernen und riesigen Bildschirmsteueranlagen. Denn jedes Kleinzwergenkind bekam nach seiner Geburt sofort seine persönliche Maske und sein persönliches Kommunikations- und Lehrtablett, dass erst beim Erlöschen seiner Lebenszeichen wieder zurückgeben werden musste.

Natürlich hatten die erwachsenen Kleinzwerge auch das Recht und die Pflicht zu heiraten, um für neue Minis zu sorgen und so den Kleinzwergenbestand zu sichern. Die Großzwerge hatten pro Paar Kleinzwerge einen männlichen und einen weiblichen Nachkommen zur Normalität erklärt. Wenn es trotzdem einmal vorkam, dass sich Unfruchtbarkeit oder Zeugungsunfähigkeit herausstellte, so durfte sich das Paar ein Gnomkind aus Ohsien oder ein Trollkind aus Eufrica aussuchen. Diese erhielten dann in den Erziehungseinrichtungen eine kosmetische und geistige Sonderbehandlung, bis sie durch nichts mehr von den einheimischen Minis zu unterscheiden waren und problemlos eingegliedert werden konnten.

Und so gab es noch viele verschiedene Arten von Kleinzwergen im Karnewaldsländ, zum Beispiel die Drogeriezwerge mit regenbogenfarbener Maske, auf der der Schriftzug aufgedruckt war: „Fragen sie nach Gebrauch der Drogen immer erst ihren Pflege- oder Bestatterzwerg."

Oder es gab die Jobbeschaffungszwerge mit grauer Maske ohne Augen. Sie hatten dafür zu sorgen, das die kleinen Zwerge, die nicht arbeiten wollten, durften oder konnten und die durchsichtige Masken tragen mussten, regelmäßig zu Schulungen geschickt wurden. Dort hatten sie Gedichte zu lernen, wie zum Beispiel das Gedicht: „Die großen Zwerge versorgen mich gut und haben immer recht." oder „Ich bin glücklich, denn den obdachlosen Kleinzwergen geht es noch viel schlimmer." oder „Arbeit macht mich freier als ich es bisher war." oder „Liebe die großen Zwerge, dann landest du auch nicht auf der Müllhalde." Es gab noch viel mehr von diesen tollen und erbaulichen Gedichten, denn es passierte durchaus, dass alte arbeitslose Kleinzwerge im Laufe der Jahre schon 20 oder mehr solcher Jobbeschaffungsmaßnahmen hinter sich hatten und die vielen gelernten Gedichte vertonten. Diese Lieder sangen sie dann mit einer Blechbüchse in der Hand bei den allwöchentlichen Feuerwerken zur kulturellen Untermalung. Manchmal fand sich ein mitleidiger Kleinzwerg, der natürlich besser war, als die anderen Kleinzwerge, die nur an sich selbst dachten. Er warf den Teil eines Obstblättchens oder manchmal sogar ein ganzes, zwar schon verbrauchtes, altes und durchgekautes Obstblättchen in eine dieser Blechbüchsen. Dann sang der Blechbüchsenhalter ein extra Loblied für den edlen Spender.

Nun ja, es gäbe noch unendlich viele, neue, tolle und fremde Dinge und Zwerge in diesem lustigen Karnewaldsländ zu entdecken. Die Großzwerge hatte ich ja noch gar nicht besucht. Doch für heute hatte ich genug gesehen. Ich beschloss aber für mich, auf alle Fälle wieder einmal in diesen Teil der Welt, natürlich im Schutz meiner Wolke, zurückzukehren.

Karnewaldsländ
- große Zwerge -

Und wieder war ich unterwegs in meiner Wolke, um die Zwerge in Karnewaldsländ noch einmal zu besuchen. Diesmal richtete ich mein Augenmerk auf die großen Zwerge. Sie wohnten auf streng abgegrenzten Sicherheitshügeln oberhalb der Kleinzwergbereiche, damit sie auf diese herabblicken konnten. Großer Zwerg konnte man in Karnewaldsländ nur werden, wenn man von einer Großzwergfamilie abstammte oder mit einer besonderen Gen-Konstellation geboren wurde, die nach Auffassung der großen Zwerge eine besonders „hohe Intelligenz" mit sich brachte. Diese „Hochintelligenzzwerge" wurden dann später entweder in die Künstler-, Verwaltungs- oder Entwicklungskaste eingegliedert und fielen äußerlich durch ihre besonders schwarzgelockte Haartracht und ihre länglich nach oben gezogenen Augen und Nasen auf. Diese Zwerge wohnten gleich unterhalb der Regierungszonen in einem Zwischenbereich an den Rändern der Sicherheitshügel, die von elektrisch geladenen Stacheldrahtzäunen umgeben waren.

Da die „echten" Großzwerge sich durch ihre Leitungstätigkeiten auszeichneten, hatten sie sich besondere Rechte „erarbeitet". Sie durften die von den Kleinzwergen gefertigten Flugmaschinen benutzen, um sich gegenseitig zu besuchen. Oder ihnen standen zu allen Zeiten große Früchteschalen zur Verfügung. Jedes ihrer Kinder bekamen in besonderen Schulen einen Einzellehrzwerg, der ihnen einen besonders hohen Stand an Wissen vermitteln musste. Die Großzwerge wohnten in großen Marmorvillen, eingebettet in weitläufige Parklandschaften und das Freizeitangebot der Regierungsviertel ließ keine Wünsche offen.

Nur manchmal konnte es passieren, dass einige jugendliche Großzwerge bei einer ihrer Feten „entgleisten", weil sie zu viel von den Paradiesfrüchten zu sich genommen hatten, denn davon konnte man auch abhängig werden. Wenn solche „Fehlentwicklungen" auftraten, entfernte man die Betroffenen und brachte sie in eine tiefe Schlucht ganz am Rande von Karnewaldsländ, wo sie keinem mehr in die Quere kommen konnten und überließ sie dann ihrem Schicksal.

Die Aufgaben der Großzwerge waren sehr vielfältig. Sie mussten oft langwierig über die verschiedenen Entscheidungen, die anstanden, diskutieren. Es galt, wer am längsten in den Gesprächen durchhielt und die meisten unbrauchbaren oder falschen Vorschläge unterbreitete wurde einer der aussichtsreichsten Kandidaten für die nächste Regierungsperiode. Sollte es trotzdem einmal dazu kommen, dass Entschlüsse gefasst wurden, so wurden sie an die Verwaltungszwerge unterhalb der Regierungsbezirke weitergegeben, die sie dann durchsetzen mussten. Der Durchsetzungserfolg wurde dann mit dicken und großen Blechorden für die Verwaltungszwerge prämiert.

Die Wahlen zur Regierung fanden regelmäßig alle drei Monate statt. Man hatte sich darauf geeinigt, dass sich im Normalfall die vier Regierungsparteien regelmäßig abwechselten. Die jeweilige Regierungspartei nutzte dann die nächsten eineinhalb Monate, um die „Neuregelungen" und Gesetze der vorherigen Regierung rückgängig zu machen und in der verbleibende Zeit eigene „Neuregelungen" und Gesetze zu erfinden. Da die folgenden Verwaltungsabläufe dann nur sehr langsam erfolgten, änderte sich im Laufe der Regierungszeiten nur sehr wenig in Karnewaldsländ, doch damit war ein Großteil aller Zwerge durchaus zufrieden. Sie brauchten dadurch nicht immer wieder umzudenken oder sich auf neue Dinge einzustellen.

An sich lief das Leben in Karnewaldsländ für die Großzwerge in geruhsamen Bahnen. Nur in der letzten Zeit traten Probleme mit den Gnomen aus Ohsien und den Trollen aus Eufrica auf. Sie waren nicht mehr so dankbar wie früher und fielen sogar manchmal nicht mehr auf ihre Knie, wenn sie ein Großzwerg mit seinem Besuch beehrte. Sie waren dem Wahn verfallen, ihre Angelegenheiten selber regeln oder mehr Obstblättchen für ihre Waren verlangen zu können. Dadurch war es schon zu Engpässen im Import der Alltagswaren für die Kleinzwerge gekommen, die dann ihrerseits unzufrieden wurden. Aber zum Glück der Großzwerge gab es ja die Kanonenfutterzwerge, mit deren Hilfe man dann diese „Unregelmäßigkeiten" regeln konnte. So hatte man auch eine sehr gute Möglichkeit, die

Kleinzwerge durch „Terrormeldungen" und „Rettungskriege" von ihren eventuell zeitweise auftretenden eigenen Problemen abzulenken und besser manipulieren zu können.

Als ich dies nun alles mit eigenen Augen von oben her betrachtet hatte, war mein Wissensdurst für diesmal vorerst gestillt. Ich nahm Abschied von dieser eigentümlichen Zwergenwelt im Karnewaldsländ und kehrte mit Hilfe meiner Wolke in meine eigene viel bessere Welt zurück.

Timeländ

Heute habe ich Zeit oder ich nehme sie mir einfach. Blauer Himmel, Sonnenschein - was kann schöner sein. Ich warte, bis eine kleine Wolke erscheint, steige ein und lasse mich in ihr treiben. Unter mir ziehen weite Landschaften, Wälder, Gebirge vorbei und der unendliche Ozean.

Eine friedliche Stille liegt über allem und wird nur manchmal durch uns begegnende Flugzeuge gestört. Unter uns, auf dem Wasser, sind gelegentlich Schiffe zu entdecken, gemütlich umherziehende Walherden und manchmal Schwärme von spielenden Delfinen.

Wo wir uns genau befinden? Darauf achte ich schon lange nicht mehr. Irgendwann taucht am Horizont eine Gruppe weit auseinanderliegender Inseln auf. Ein leichter Wind bläst mich inmitten der kleinen weißen Wolke auf die Nordseite einer der Inseln am Rande der Gruppe. Anfangs ist nichts Besonderes an und auf ihr zu entdecken. Felder, Ländereien, Flüsse, Seen, Berge, die eher bewaldeten Hügeln gleichen, ein paar weit verstreute Dörfer. Eine Hügelkette in West-Ost-Richtung der Insel teilt diese. Bald kann ich darauf eine breite Grenzlinie entdecken, die aus übergroßen, in der Sonne goldglänzenden Bahnhofsuhren gebildet wird. Das Eigentümliche dieser Grenzuhren besteht nun darin, dass jede von ihnen eine andere Uhrzeit anzeigt. Vom Zentrum der Insel zu den

Küsten hin scheint die Zeit langsamer zu vergehen. Es wird an der Peripherie in Nord-Richtung deutlich morgendlicher. Beim Überfliegen der Grenzlinie ist zusätzlich zu erkennen, dass die nach Süden hin gerichteten Flachseiten der Uhren mit ihren dicken, roten, digitalen Anzeigen immer Nachmittagszeiten angeben. Sie laufen auch mehrfach schneller als die auf ihren nach Norden gerichteten analogen Rückseiten. Dort kreisen die grünen Zeiger schleichend und anscheinend nur in den Vormittagsstunden vorwärts.

Auf der Nordseite habe ich bisher keine großartigen Bewegungen entdecken können. Doch beim genaueren Betrachten kann ich auch Bewohner in kleinen Dörfer entdecken, die ihren Alltagsgeschäften nachgehen. Sie sehen ganz lustig aus und haben anstelle dicker Bäuche Körper aus Taschenuhren, aus denen Arme Kopf und Beine herausragen. Auf ihren Schultern befinden sich ein linkes und ein rechtes Stellrädchen, deren Funktion ich erst später erkenne. Alles in allem erinnert mich ihr buntes Aussehen und Verhalten und die Umgebung eher an ein ländliches Bild eines mittelalterlichen Landschaftsmalers.

Im Gegensatz dazu beginnen auf der südlichen Seite, nicht weit von der Bahnhofsuhren-Grenze entfernt, die Ausläufer einer riesigen Industrie- und Bankenmetropole. Dieser Moloch aus Hochhäusern, Industriebetrieben, Konsumpalästen gleicht, aus meiner Perspektive betrachtet, einem wild gewordenen Ameisenhaufen, in den man kurz zuvor einen halb abgenagten Rippenknochen gesteckt hat: Ein unglaubliches Chaos, ein Rennen um das beste Stück. Trotzdem scheint alles einem fest vorgegebenem Plan zu folgen. Die unzähligen Bewohner dieser Millionenstadt kann man miteinander, bis auf wenige Ausnahmen, sehr schnell verwechseln. Ihre Körper gleichen schwarzen Armbanduhren, digitaler Hightechware, natürlich mit allem Schnickschnack versehen, den man sich nur erträumen kann. Aber das wichtigste daran sind die integrierten Stoppuhr-Funktionen. Denn auf der Südseite von Timeländ, wie die Insel sich wohl nennt, dreht sich alles darum, die Arbeiten und Tätigkeiten, die das Leben im Allgemeinen mit sich bringt, möglichst schnell zu erledigen. Das bedeutet natürlich den vollen Einsatz der nie zur Ruhe kommenden Einwohner und zwar 24 Stunden lang. Und es erfordert auch die straffe Durchorganisation aller notwendigen Abläufe.

Ein großer Durchbruch in der Geschichte und Entwicklung dieses Inselteils gelang damals, als der Professor für Management Prof. Dr. Keinezeit ein Medikament entwickelte, die sogenannte Schlafersatzpille. Sie revolutionierte den ganzen Städtebau, denn Schlafzimmer und Betten wurden letztendlich gar nicht mehr benötigt. Da fast alle Bewohner Tage und Nächte unterwegs waren, gab es nur wenige „Neandertaler", die sich überhaupt noch eine Wohnung leisten wollten. Jeder Bürger von Südtimeländ konnte ab diesem Zeitpunkt frei entscheiden, wie viele Jobs er übernehmen wollte. Nur die

24 Stunden stellten anfangs noch eine Begrenzung dar. Aber selbst diese verlor an Bedeutung, als die Wechsel- und Wahlzeit für die Timeländer eingeführt wurde. Jeder der Inselbewohner bekam zwei Einstellrädchen rechts und links in die Schultern eingebaut, mit denen er die Ablaufschnelligkeit der Zeit selbst steuern konnte. Entlang der großen Uhrengrenze hatte man in Timeländ deswegen auch verschiedene „Zeitzonen" eingeführt, die an Hand der großen goldenen Bahnhofsuhren auf der Hügelkette unterschieden werden konnten. Wenn ein Timeländer seine „Körperuhr" mit dem Zeitverlauf einer der goldenen Uhren abglich, konnte er sich ohne weiteres in diese Zeitzone begeben. Denn man darf sich die Uhren-Grenze nicht als eine undurchdringliche Grenze vorstellen. Sie trennte eher die unterschiedlichen Grundlebenseinstellungen der Timeländbewohner voneinander. Die Südländer wurden meist von ihrer Höher-Weiter-Besser-Mentalität bestimmt (es genügte nie, was man schon erreicht hatte): Sie lebten um zu arbeiten. Während die Nordbewohner mehr *ihrem* Grundsatz folgten: Wir sind uns selbst genug, nach erfolgter Arbeit folgt das Vergnügen (arbeite, um zu leben).

Ich überfliege diese interessante Insel mehrmals in meiner Wolke und entdecke noch in West- und Ostrichtung verschiedene kleine Ansiedlungen und Einsiedeleien, in denen Timeländer versuchen ihren Traum vom Leben zu verwirklichen. Etliche leben ihre künstlerische Ader aus oder wohnen ohne Schlafersatzpille in alterdzeitlichen Kommunen. Es finden sich dort auch ehemalige Bewohner der Großstadt, die es geschafft haben, sich von ihren alten Leistungszwängen zu lösen, die nicht wollen, dass auf ihren Grabsteinen einmal der Spruch stehen würde: „Ihr ganzes Leben war nur Arbeit und Mühe." Ihnen blieben durch ihren Seitenwechsel meist die Burnout-Krankenhäuser am Rande des Molochs erspart, in denen viele der Südbewohner schließlich am Ende ihrer Karriere als „Dauergäste" landeten.

Ich fliege in meiner weißen Wolke nun zum letzten Mal über die Insel. Unbewusst fasse ich mich auf meine linke Schulter, an der normalerweise der Langsam-Knopf der Timeländer sitzt. Es gibt diesen Knopf natürlich nicht bei mir. Aber trotzdem nehme ich mir die Zeit, mich *langsam* in meiner Wolke in meine Welt zurücktreiben zu lassen und darüber nachzudenken, für welche Zeitzone ich mich als fiktiver Bewohner von Timeländ wohl entscheiden würde. Denn letztlich entscheide auch ich in meiner Welt täglich mit darüber, wie ich mit meinen mir heute geschenkten 24 Stunden umgehe.

Glaubensländ

Ein weiteres Mal hatten mich Christen nicht in ihre Gemeinschaft aufgenommen.

Um damit besser fertig zu werden, setzte ich mich wieder einmal in meine Wolke und begab mich auf die Reise.

Nach Stunden meines Fluges sah ich in der Ferne eine Inselgruppe auftauchen, bestehend aus unterschiedlich großen Inseln, jede mit einem Vulkan im Zentrum.

Man konnte erahnen, dass sie früher einmal zu einem einzigen Eiland mit vielen Vulkanen gehört hatten. Aber die Bewohner gruben im Laufe der Zeit immer tiefere Gräben um „ihren" Vulkan, diese Gräben füllten sich dann mit Wasser, sodass dieses Eiland immer mehr in einzelne Inseln zerfiel und zu einem Archipel wurde.

Die meisten Vulkane auf den Inseln waren bereits seit langem erloschen, aber aus manchen stiegen noch Dämpfe und einige waren gerade dabei auszubrechen, aus wenigen flossen bereits zähflüssige Lavaströme.

Auf jeder dieser Inseln standen auf den Gipfeln der „Inselvulkane" riesige künstliche Gebilde. Ich konnte auf einem der Gipfel einer großen Insel einen riesigen Buddha entdecken, auf einem anderen stand eine überdimensionale Bundeslade und so hatte jede der Inseln die Symbole ihres Glaubens in diesen Gebilden verewigt. Ich erkannte, dass ich mich auf dem Weg nach Glaubensländ befand.

Meine Wolke steuerte auf eine der größeren Inseln zu, in deren Mitte ein riesiges großes Stahlkreuz zu erkennen war, das auf dem Gipfel eines bereits erloschenen Vulkans stand. Das Kreuz im Mittelpunkt der Insel glänzte und funkelte noch in der Sonne. Seine Höhe war so beträchtlich, dass es bis in die Wolken reichte. Im Näherkommen konnte man aber deutlich tiefe Roststellen an seinen Stahlflächen erkennen, die die Vergangenheit in dieses Kreuz gefressen hatte. Außerdem waren schon sehr viele Stücke aus ihm herausgebrochen worden.

Erst jetzt sah ich, dass um den Vulkan herum sehr viele Ortschaften, Gemeinden und Ortsflecken verstreut lagen. Jede von ihnen hatte ein Kirchengebäude mit der Fahne der Wahrhaftigkeit in ihrem Zentrum stehen. Auf den Turmspitzen dieser Kirchen waren die einzelnen Bruchstücke aus dem Stahlkreuz aufgepflanzt, die man bunt angemalt hatte, um sich von den Nachbarorten abzugrenzen. Da entdeckte ich, dass es auf dieser Insel auch drei große Städte gab, Pabststein, Popenheim und Proteststadt. Eine von ihnen hatte Rot als die richtige Farbe bestimmt und wurde von einer roten Stadtmauer begrenzt. Eine hatte Gelb und die dritte Blau gewählt. Manche der kleinen Ortschaften und Marktflecken hatten zwar nur sehr wenige Bewohner und waren bunt ummauert, ihre „Kirchen" bestanden aus einfachen Schuppen. Aber allen war gemeinsam, dass sie ihre Wappen auf den Fahnen der Gerechtigkeit für das einzig wahre hielten.

Lange Zeit betrachtete ich dieses Bild von meiner Wolke aus und war sprachlos angesichts dieses „bunten Gemisches" und überlegte, welcher wohl der richtige Lebensort für mich sein könnte.

Irgendwann erhob ich meine Augen und konnte erkennen, dass sich um das Kreuz herum große Wolken sammelten. Ein Regenbogen war inzwischen entstanden, der die ganze Insel überspannte. Die einzelnen Wolken fingen nacheinander an, zu einzelnen Figuren zu werden, diese sahen auf die Landschaft unter sich. Ich begriff, dass manche dieser Figuren Gott verkörperten und einige das, was Menschen aus IHM gemacht hatten und in mir entstanden die Schriftzüge des ersten Gebotes der Bibel: Du sollst dir kein festes Bild von Gott machen.

Als erstes entstand eine Figur, die Tränen vergoss, über das, was sie ansehen musste. Dann erschien ein Gesicht, das sich kaputt lachte über die Dummheit von uns Menschen. Als nächstes erkannte ich eine Figur, die sich über die Zerstörung Seiner Schöpfung ärgerte, die wir Menschen immer wieder hinterließen und auf die wir sogar noch stolz waren. Als nächstes erschien ein Mann in einer Zwangsjacke des Glaubens, die er mit einem Ruck zerriss. Die nachfolgende Figur trug eine Tarnuniform, auf der: „Im Namen Gottes!" aufgedruckt war, sie hatte eine noch rauchende Schusswaffe in der Hand und im eigenen Kopf eine große Schusswunde. Es entstanden noch viele Figuren, die ich hier nicht alle aufzählen kann. Die letzte Figur sah über das ganze Archipel der Inseln und schüttelte entsetzt nur mit dem Kopf. Nun begannen sich die Figuren wieder in Wolken aufzulösen und eine Stimme erklang in mir: ICH bin der HERR, dein Gott. Ich wohne in Jedem, der es zulässt, auch in dir. Selbst die Wolke, in der du sitzt und in der du gerade auf dem Weg bist, gehört MIR. Du bist auch einer von denen da unten, kein Mensch ist besser als die anderen. Suche eine Heimat und deinen Frieden in MIR und lass dir daran genügen. Flieg jetzt zurück, du kannst mich jederzeit in dir wiederfinden. Und ich tat dies und kehrte schließlich mit meiner Wolke in mein „reales" Land zurück.

Haustierländ

Es ist ein schöner Tag heute und ich sitze wieder einmal in meiner Wolke und überquere das große Wasser. Da entdecke ich in der Ferne auch schon eine Insel. Trotz der Entfernung sind Hundegebell und andere Tiergeräusche zu hören und ich ahne, dass es diesmal Tierländ sein wird, das ich besuche.

Je näher meine Wolke der Insel kommt, um so lauter wird es und ich kann immer mehr andere Tierlaute innerhalb dieser ungewohnten Kakophonie[3] unterscheiden. Die ganze Insel besteht aus einer einzigen Metropole. Dies muss wohl „Hundkatztown" sein, dachte ich. Es sticht dem Betrachter sofort ins Auge: Hier haben die Tiere das Sagen. Es sind zwar auch Menschen in Arbeitsanzügen zu erkennen, aber diese dienen als Sklaven und haben dafür zu sorgen, dass es ihren Haustieren gut geht.

Irgendwann in der Vergangenheit fand hier offensichtlich ein Rollentausch statt. Die ehemaligen Tierhalter hatten sich damals ein oder mehrere Haustiere angeschafft: Vielleicht weil sie selbst keine Kinder bekommen konnten oder keine haben wollten oder weil die Beziehungen zu Mitgliedern der eigenen Rasse zu schwierig waren oder auch nur weil sie ihre Einsamkeit überwinden wollten...

Ursprünglich waren sie einmal Herrchen ihrer Hunde, Katzen, Meerschweinchen, Ratten, Repti-

---

3   Hier im Sinne von Missklang verwendet

lien, Insekten, Vögel und Fische gewesen. Ihre Haustiere hatten immer mehr an Bedeutung in ihrem Leben gewonnen, sodass es nur eine Frage der Zeit war, wann die Tiere die Herrschaft endgültig übernehmen und eine eigene Regierung bilden würden. Dies war dann vor ein oder zwei Jahrzehnten auch geschehen.

So waren in den Regalen der Supermärkte fast nur noch Tierartikel zu finden. Große Hallen waren mit speziellen hochwertigen Futtermitteln, weichen Katzenbetten, güldenen Vogelpalästen, Hamsterkarussellen (die Strom erzeugen konnten) und Tierspielzeug angefüllt. Kurz und gut, es gab alles, was das Tierherz nur beglücken konnte. Eine sehr kleine Abteilung für die Arbeitsbekleidung der Menschen durfte natürlich nicht fehlen. Sie befanden sich sowieso im 24-Stundendienst für ihre Lieblinge und benötigten daher nicht mehr so viel für sich. Die meisten der Sklaven waren schon längst auf Hunde- oder Katzenfutter umgestiegen, da sie so besser auf den Geschmack ihrer Schützlinge eingehen konnten. Da die Haustiere ja sowieso in die Rolle von „Ersatzmenschen" geschlüpft waren, hatten sie auch inzwischen „sprechen" gelernt, zumindest in dem Sinne, dass sie ihren Menschensklaven heute ihre Befehle präzise vermitteln konnten, die diese dann natürlich auch willig ausführten.

Inzwischen fliege ich in meiner Wolke über die Häuser von Hundkatztown: Was ich dabei erlebe, verschlägt mir im wahrsten Sinne des Wortes den

Atem. Es stinkt bestialisch, die Dünste stechen ätzend in mein Riechorgan. Zum Glück habe ich immer eine Wäscheklammer bei mir, die nun meine restlichen Geruchssinneszellen rettet.

Mir fällt auf, dass sich kaum Fahrzeuge in den Straßen befinden. Beim Näherbetrachten der Situation erkenne ich, dass überall ein sonst unüblicher schwarz-roter Bodenbelag vorhanden ist. Früher hatten die Tiere ihre Notdurft einfach auf den Straßen und in den Parks verrichten können. Doch vor nicht allzu langer Zeit hatten die Tiere, weil die Angelegenheit ihnen doch selbst viel zu sehr stank, ein Gesetz erlassen. In ihm war vorgeschrieben, dass alle härteren Fäkalien der Tiere oder Menschen in rote oder schwarze Plastiktüten abgefüllt und entsorgt werden mussten. Da es aber viel zu wenig Abfallbehälter in der Stadt gab, ließen die ehemaligen Herrchen seitdem die gefüllten Plastikbeutel einfach auf der Straße liegen oder warfen sie in die Vorgärten der Häuser, manche hängten sie auch an die Zäune oder Haustüren. Da die Entsorgungsfahrzeuge durch den nun kniehohen glitschigen Straßenbelag nicht mehr in der Lage waren, ihrer Aufgabe gerecht zu werden, wuchs dieser Belag immer weiter. Inzwischen konnten sich die Menschen nur noch auf Stelzen fortbewegen und ich will nicht beschreiben, was geschah, wenn es einmal zu kräftigen Niederschlägen kam. Ich stellte mir, um wieder zu entspannen, fast zwanghaft vor, wie reizvoll das Ganze wohl im Winter aussah, von einer Schneedecke verhüllt.

Einen Vorteil hatte der Dauergeruch aber für die Sklaven: Er tötete ihre Geruchszellen ab und sorgte dafür, dass sie ständig in einer Art Rausch lebten. Er ließ sie vergessen, wie die Rollenverteilung ursprünglich einmal gewesen war. Mit dem Rausch verbunden war ein beglückendes Hochgefühl und es machte sie auch wirklich glücklich, wenn sie ihre Dienste gut verrichteten und es den Haustieren gut ging.

Da es durch das ständige Gebell, Miauen, Vogelkreischen und die anderen Tierlaute keine einzige stille Minute mehr gab und die Menschen untereinander sich selten nur noch über Kopfhörer und Mikrophon oder auch Sprachnachrichten ihrer Funkgeräte verständigen konnten, verkümmerten sie sprachlich und geistig langsam aber sicher. Sie nahmen im Laufe der Zeit immer mehr die Gestalt ihrer Haustiere an. Es würde ein oder zwei Jahrzehnte dauern, bis man sie nur noch an den Sklaventätigkeiten und an ihrer Arbeitsbekleidung erkennen würde.

Hundkatztown besaß auch einen verhältnismäßig großen Hafen. Dieser erfüllte eine wichtige Aufgabe. Da die Tiere sich nun mal wie Tiere fortpflanzten und die Sklaven dies vor lauter Tierfreude nicht mehr taten, gab es bald einen großen Bedarf an „Arbeitskräften". Dieser konnte nur durch Ausgleich von außerhalb gedeckt werden. Aber da genug „Haustierbesessene" überall in der Welt existierten, wurden ununterbrochen jede Menge Neusiedlungsanträge in der Metropole gestellt. So brauchte man nicht zu befürchten, dass diese Insel in näherer Zukunft aussterben würde.

Ich hatte für heute genug gehört und gerochen und so begab mich in meiner Wolke auf die Heimreise. Nach gehöriger Entfernung konnte ich meine Wäscheklammer wieder einstecken. Ich beschloss, einigen meiner Nachbarn (Haustierfreunden) von dieser Insel zu erzählen. Ich hoffte so in absehbarer Zeit nachts zu Hause sogar ohne Hundegebell schlafen zu können. Und die Spaziergänge durch meinen Heimatort würden vielleicht auch wieder zu Spaziergängen ohne Tretminen werden.

Trage mich hinauf, kleine Wolke,
in die stille Weite, die nur mir gehört!
Als das Schwere bleibt nun verborgen,
und mit dir entschwebend bin ich ungestört.

Träume meinen Traum andrer Welten,
statt realem Grauton bunte Fantasie.
Blicke aus der Vogelperspektive,
fühle mich so leicht und unbeschwert
wie nie!

10. *Fazit*

und noch ein Traum

Ich bin mit einer Reisegruppe in der Türkei unterwegs und übernachte irgendwo in einem Hotel. Eine „freiwillige" Ausfahrt ist geplant, es soll zu den Mönchen des Mevlana gehen, die in Konia zu Hause sind (Kloster der tanzenden Derwische). Wir sind gar nicht in der *dortigen* Gegend, aber es soll in der Nähe des Hotels eine Höhle geben, in der von den Mönchen auch für und mit Touristen heilige Handlungen durchgeführt werden. An diesem Ausflug nehmen nur wenige Leute aus unserer Reisegruppe teil.

 Als wir mit dem Bus an dieser Tuffsteinhöhle endlich angekommen sind, führt der Reiseleiter uns hinein. Der Zugang zur Höhle ist oval aus dem Fels gemeißelt. An der rechten Seite befindet sich in halber Höhe ein enger „Galeriepfad", auf dem wir weitergehen. Der Weg ist schmal. Als es immer dunkler wird, bekomme ich Angst, abzustürzen. Ich entschließe mich, über einen Abzweig auf den Gangboden hinabzusteigen um dort weiterzulaufen. Der Boden ist mit etwa fußhohem Schlamm gefüllt, der meine nackten Füße kühlt. Dabei bleiben sie trotz des Schlammes eigenartigerweise sauber. Ich gehe weiter. Von Weitem wird schon im Schein von Fackeln und Lagerfeuern die eigentliche Höhle sichtbar. Orientalische Musik ist zu hören. Als dann alle die Höhle betreten, kann man auf ein eindrucksvolles Szenario blicken: Trommeln und verschiedene andere Instrumente sorgen für einen der Welt „entrückt" erscheinenden Klangteppich, der sich an den Höhlenwänden bricht oder teilweise von ihnen „verschluckt" wird. Die Höhle ist größer, weiter und höher als ich erwartet habe. In diesem Raum befinden sich verschiedene Menschengruppen, die sich jeweils um Feuerstellen versammelt haben. Es werden rituelle Tänze von orientalisch gekleideten, bunt bemalten Frauen vorgeführt. An anderer Stelle überschütten sich Bauchtänzerinnen mit feinem gelben Farbpulver aus einem „Sandkasten". Etwas weiter entfernt werden rituelle Handlungen von alten weisen Männern durchgeführt. Es geht zu, wie auf einem orientalischem Markt. Der Reiseführer gibt mir zu erkennen, dass ich mit ihm gehen soll und führt mich zu einem verborgenen Gang am Rande der Höhle. Über eine ausgetretene kleine Steintreppe gelangen wir auf eine Art Aussichtsplattform oberhalb des Geschehens. Es befinden sich schon einige Menschen dort. Von hier aus haben wir einen wunderbaren Überblick über die ganze Steinhalle. Ich genieße längere Zeit diese traumhafte, fremde und mir doch irgendwie bekannt erscheinende und mich in ihren Bann ziehende Atmosphäre. In einer Nische am hinteren Teil des Gewölbes sieht man Männer die typischen Tänze der Mevlana-Mönche in ihren weiten Röcken vollführen, die sie in Trance versetzen. Nach einer Weile entdecke ich an der gegenüberliegenden Felswand einen Stand, an dem ein Mönch, etwa in meinem Alter, zwei gefüllte Wasserkrüge aus Keramik abwechselnd in die Höhe hebt und sie segnet. Das Wasser verwandelt sich dabei in Lebenswasser. Betend singt er dazu mit geschlossenen Augen. Ich bin ganz ergriffen von diesem Anblick. Plötzlich dreht er seinen Kopf in meine Richtung, öffnet die Augen und sieht mich an. Trotz der Entfernung dringt sein Blick tief in mich. Es ist, als wenn alle innere Last und Begrenzung von mir abfällt. Ich fühle mich vollkommen frei und bin von einem unendlichen inneren Frieden erfüllt. Dann beendet der Mönch sein Ritual, indem er das Lebenswasser in den Krügen herumreicht und die ihn umgebenden Menschen einen Schluck davon trinken. Ich sehe, dass er nur *einen* völlig leeren Krug zurückbekommt, der andere ist nicht mehr zu entdecken. Die Menschen verlassen diesen rituellen Platz um ihn. Auch die Plattform leert sich, bis ich nur noch allein auf ihr stehe. Ich bemerke, dass ich den fehlenden zweiten Lebenswasserkrug mit noch etwas Inhalt in meinen Händen halte. Der Mönch schaut mich erneut an, nickt mir zu. Ich trinke daraufhin den Krug leer, steige die Treppe hinunter und gehe mit langsamen Schritten zu ihm hinüber. Ich stelle den Krug vor ihm ab. Noch einmal schauen wir uns in die Augen. Mir kommen die Tränen, ich kann wieder dieses eigenartig gemischte Gefühl von Sehnsucht, Trauer und Glück spüren.

Ich erwache mit tränennassem Gesicht. Ich setze

mich im Bett auf, sehe aus dem Fenster und danke Gott für diesen schönen Traum, für das von ihm erhaltene Lebenswasser und für den neuen Sommertag mit strahlend blauem Himmel.

Es sind Blicke, aus einem Traum wie diesem, die mich ganz tief ergreifen, die ich auch schon öfters in der Realität erleben konnte (vielleicht sind diese Träume ja nur (m)eine *innere* Realität). Ein Augenblick, in dem sich die Seelen zweier, einander manchmal völlig fremder Menschen, ganz für- und voreinander öffnen und sich in einem scheinbar anderen Universum treffen - eins werden. Vielleicht Blicke, in denen mir Gott meine Augen öffnet, einen Augenblick nur, in dem ich eine innere Verbundenheit mit aller Natur, allen Menschen sehe, erkenne und fühle, indem ich mir Gottes Gegenwart, seiner Anwesenheit, seiner Liebe zu allen Menschen und Geschöpfen völlig sicher bin. Ich danke Gott noch einmal, denn diese „Augenblicke" zählen zu den allerschönsten Dingen in meinem, gegenwärtigen Leben.

Identität - Einheit -

Wer oder was ist er wirklich? Es ist ihm inzwischen klar: Diese Frage wird er in diesem Leben nie gänzlich beantworten können. Er wird, bis er irgendwann in der Urne landet, auch nicht aufhören, sie zu stellen. Immer wieder entdeckt er neue Aspekte in und an sich - das ist gut so.

Dennoch haben sich seine Sicht- und Empfindungsweisen teilweise radikal geändert. Er hat zumindest einige Antworten gefunden auf seine Identitätsfragen.

Es ist in Ordnung, dass es ihn *so* gibt, wie er ist. Er besitzt eine (Daseins-)Berechtigung wie alle anderen Menschen auch. Er weiß sich *bedingungslos* geliebt, völlig unabhängig davon, was ihm gesagt wird und was er selbst in seinen „Löchern" fühlt. Er *will* daran glauben und darauf vertrauen, dass dies so ist, dass es (s)einen „Vater im Himmel" gibt und er *muss* dies auch: Diese Tatsache ist für ihn (über-)lebenswichtig, sie bildet die Basis seines heutigen Lebens.

Die Personen, die er im Laufe seiner Selbstfindung nach und fast unabhängig voneinander in sich entdeckte - Erwin (den Suchenden), Alwin (den Alkoholiker), Pedro (den Pädophilen), Boldwin (den Borderliner), den kleinen blonden Kerl (als Vertreter seiner vielen inneren Kinder), Gottlieb (den Glaubenden) und weitere in diesem Buch nicht extra beschriebene Anteile seiner Persönlichkeit - gehören alle in ihn und zu ihm.

 Er hat Frieden mit ihnen geschlossen und sie haben auch aufgehört, Krieg untereinander zu führen, sie sind keine Widersprüche mehr. Im Gegenteil, langsam spürt er, dass sie anfangen, in ihm in heilsamer Weise zusammenzuwachsen, eine Einheit zu bilden. Im gleichen Maße, wie ihnen das gelingt, beginnt die für ihn in der Vergangenheit so typische innere Zerrissenheit ihre Bedeutung zu verlieren und sich teilweise aufzulösen. Er versteht und fühlt sich heute nicht mehr als „Viele in ihm", sondern als *eine* Person mit vielen verschiedenen Anteilen. Obwohl er manchmal noch das Gefühl hat, dass einzelne Aspekte dieser Anteile ihm sein „gutes Leben" erschweren, hat er sie akzeptiert, ist ihnen heute viel toleranter und geduldiger gegenüber geworden. Wenn er ehrlich ist, muss er heute sogar oft über sie und sich selbst schmunzeln und er will diese emotionalen „kleinen Rückfälle" auch nicht missen. Sie erinnern ihn in heilsamer Weise daran, wie er früher war. Er lebt durch sie sogar viel „bunter" und abwechslungsreicher.

 Sein Leben heute ist in vielerlei Hinsicht nicht mehr mit dem damaligen zu vergleichen. Es ging ihm nie darum, „Schuldige" für vergangene „Dramen" zu finden. Er hat die Ehrlichkeit sich selbst gegenüber als Grundlage für seine Genesung im Kopf und im Herz begriffen. Ihm ist heute klar, dass *er* die Weichen für seine „in die Irre führenden Gleise" auf seiner Lebensfahrt oft genug *selbst so* gestellt hat, egal ob er es bewusst getan oder es

„nur nicht besser gewusst" hat. Vergebung, auch sich selbst gegenüber, ist eines der wichtigsten Werkzeuge geworden, um altem und neuem selbstzerstörerischem Hass und Groll Einhalt gebieten zu können.
- Lange Rede kurzer Sinn: Alles in allem lebt er fast nie mehr als Alien, er ist heute ein Mensch - mit Höhen und Tiefen, Freud und Leid, Siegen und Niederlagen.

Er hat das Leben akzeptiert, wie es ist, er ist in der Realität angekommen.

Ein gewisses Suchtpotential wird in ihm immer bleiben und er wird darauf wahrscheinlich immer wieder einmal „hereinfallen". Doch das werden kurze „Ausflüge" sein und es werden keine „Lebensfluchten" mehr, darauf wird er achten.

Mit und in seiner neuen Identität lebt er viel besser und zufriedener, als er es je tat. Er ist jetzt *gern* ein Mensch in Gemeinschaft mit anderen Menschen.

Menschen begegnen Menschen
— nur Menschen,

als Mensch geboren
   als Mensch gelebt
      als Mensch gedacht
         als Mensch gehandelt
         als Mensch geliebt

Menschen begegnen Menschen
— nur Menschen,

nicht Direktoren
   nicht Wissenschaftlern
      nicht Polizisten
         nicht Bankräubern
            nicht Schwarzen und Weißen

Mensch! Schön, dass wir uns begegnen!

Schlusswort

Soweit ich zurückdenken kann, habe ich versucht, mit mir selber klarzukommen, es ist mir vielleicht zu oft zu schwer gefallen. Ich lag mit mir selber lange Zeit im Krieg und nun im „fortgeschrittenen Alter" bin ich auf gutem Wege, bekomme endlich langsam das Gespür, wie sich innerer Frieden anfühlt.

Mir wird öfters von Leuten vorgeworfen, ich sei zu pessimistisch in meiner Denkweise. Ich sehe durchaus die Gefahr für mich, Dinge, die ich erlebe, zu schnell und zu pessimistisch zu deuten. Ich bin eben doch leider in dieser Beziehung ein Stück wie meine leiblichen Vorfahren. Viele Dinge, die ich in dieser Welt erlebe, lassen mir auch nicht immer die Entscheidungsmöglichkeit für eine optimistischere Sichtweise.

Trotzdem lebe ich inzwischen sehr gern, erlebe oft im *Kleinen* Momente des Glücks, öfter, als vielleicht andere. Ich „zelebriere" für eine Zeit die depressiven Phasen, manchmal suhle ich mich regelrecht darin. Sie gehören genauso zu meinem Dasein und ich möchte sie genauso wenig missen. Ich habe Gott sei Dank endlich wieder gelernt, in Trauer oder vor Freude zu heulen.

Ich freue mich aber auch auf den Augenblick, in dem mich „Bruder Tod" in den endgültigen Frieden entlassen wird. Wenn dieses Büchlein erscheint, hat sich für mich auch eine alte „Weisheit" erfüllt: Jeder Mann sollte ein Kind zeugen, einen Baum pflanzen und ein Buch schreiben. Ich habe mein Leben gelebt und lebe es noch, weniger intensiv hätte ich es auch nicht gewollt. Ich denke, das ist der Vorteil derer, die, wie ich, durch Umstände oder wie auch immer einen „psychischen Schaden" davongetragen haben oder die, je nach Sichtweise, vielleicht sogar noch das *„ursprünglichere"* Leben leben, wie es einmal gedacht war.

Die Höhen und Tiefen, in denen ich „wandelte und noch wandle", gehören also inzwischen fast gänzlich zu mir, das bin ich. Ich brauche nicht viel zum erfüllten Leben: Ein paar wenige gute Freunde und ein paar sinnerfüllte Aufgaben. Materiell geht es mir selbst als „Abhartzer" sowieso noch zehnmal besser als dem allergrößten Rest der Welt. Der realistische Blick über den Tellerrand tut manchmal Wunder.

Ich bin nie ein Freund dieser Staatsform gewesen (der vorhergegangenen übrigens genauso wenig), aber wo kann ich sonst in der Welt, ohne „geregelt" zu arbeiten oder kriminell zu werden, in den Laden gehen und mir unter so vielen Artikeln das aussuchen, was ich heute essen und anziehen möchte, natürlich innerhalb bestimmter Grenzen. Ich kann mir auch selbst aussuchen (trotz Störversuche der Arge), wie ich meine Zeit sinnvoll gestalte, natürlich wieder innerhalb bestimmter Grenzen. Ich kann selbst entscheiden und tun, was mir Spaß macht, zum Beispiel dieses Buch schreiben. Es ist vieles eine Frage meiner Ansprüche und daraus folgend meiner inneren Zufriedenheit. Nicht die Menge, sondern die Qualität und Konzentration auf Weniges bringt letztlich viel mehr.

Meinen Weg bin ich gegangen bis hierher. Ich habe versucht, die wichtigsten Anteile in mir (natürlich existieren noch viel mehr) in diesen Texten verständlich darzustellen, so wie sie mir in etwa in meiner Entwicklung bewusst geworden sind. Manche von ihnen hatten zeitweise die Führung über bestimmte Lebensabschnitte übernommen oder dominierten diese zumindest. Aber auch meine innere Zerrissenheit verliert allmählich immer mehr ihre Bedeutung für mich und macht einer neuen inneren „Einheit" Platz.

Ich habe bisher keinen Menschen gefunden, der *seinen* Weg in gleicher oder ähnlicher Weise wie ich gegangen ist. Jeder Mensch ist einmalig. Aber es kann Schnittstellen oder Parallelen geben. Manchmal kann ich eine innere Verwandtschaft spüren. Sie ist mir dann wichtiger als meine leibliche Verwandtschaft, denn sie lässt mich die so ersehnte innere Verbundenheit mit den anderen Bewohnern dieses Planeten spüren und beendet somit mein „Aliendasein". Wenn Menschen „genug" „Mist" und Ablehnung in ihrem Leben erfahren haben, egal ob durch ihr Anderssein, oder auch nur, weil sie durch ihre *eigenen* Begrenzungen „wahrnehmungsgestört" waren, entwickeln sie meiner Erfahrung nach oft ein besonderes Gespür für andere Aliens. Ich jedenfalls liebe Aliens und fühle mich inzwischen unter ihnen meist richtig wohl, sie sind gerade in ihrer Begrenzung und Andersartigkeit die „Ehrlicheren" für mich. Dies ist natürlich wieder auch nur ein Klischee meinerseits, dies ist mir klar (letztlich sind, bleiben wir alle Aliens).

Wenn ich also gern mit psychisch Erkrankten, sozial Aussortierten, Behinderten, Süchtigen, sexuell anders Orientierten, Verbrechern, Sterbenden... zusammen bin („normale Schauspieler" öden mich oft an), dann finde ich in ihnen immer auch ein kleines Stück von mir, aber eben nur ein kleines Stück. So sind also diese Erklärungsversuche auch nur für mich gültig und gedacht.

Ich war, bin und werde immer ein etwas widersprüchlicher und komplizierter Mensch bleiben, und das ist auch gut so.

Für Wiederholungen in den Texten möchte ich mich entschuldigen: Auch im Leben gibt es sie.

Ps.: Noch einmal: Das, was ich schreibe, ist *mein* ganz persönliches Erleben und erhebt nicht den Anspruch auf „absolute" Wahrheit. Ich weiß inzwischen ein wenig über die Arbeitsweise meines Gehirns und erkenne an, dass es mir vielleicht manchmal Streiche spielen kann und auch schon gespielt hat. Aber in den Therapien und durch das Leben habe ich gelernt: Für *mein heutiges Dasein* sind *meine heutigen Sichtweisen* entscheidend, und die können und werden sich im Laufe der Zeit immer wieder ändern (hoffentlich). Auf alle Fälle sind sie in keiner Weise oder Richtung als Anklage an irgendjemand oder irgendetwas gedacht.

Danke

Die Idee, einmal einige meiner Erfahrungen und Erlebnisse gesammelt niederzuschreiben, entstand schon vor verhältnismäßig langer Zeit, während meiner ersten Therapie in Richtung Pädophilie. Damals hatte ich das erste Mal in meinem Leben die Möglichkeit, die Dinge zu Papier zu bringen, die in mir damals abliefen oder bereits abgelaufen waren. Es entstanden 150 handgeschriebene Seiten und ich entdeckte, welche Hilfe mir das Schreiben bot. In den Jahren danach entstanden so mit großen Zeitlücken Texte, eigentlich mehr als Tagebuchseiten gedacht. Da ich seit der „Wende" fast durchgängig arbeitslos war, geriet die Idee aus finanziellen Gründen immer mehr in den Hintergrund. Erst als ich mich im Vorjahr einem Schreibzirkel anschloss, erfuhr ich durch andere Teilnehmer von der Existenz von BoD[1]. Nur so rückte die Idee des Buches für mich in den Bereich der Realität. Ich danke den Mitarbeitern von BoD für die von ihnen geschaffene Basis, die es auch „finanziell schwachen" Menschen wie mir ermöglicht, Texte zu veröffentlichen. Ich wünsche ihnen viel Kraft und Freude, es auch weiterhin zu tun.

Ich danke den Schwestern, Pflegern, Therapeuten, Psychologen und Ärzten, dass sie mich zeitweise auf meinem Weg ein Stück begleitet haben. Ohne euch stünde ich nicht dort, wo ich heute stehe.

---

1 Books on Demand

Meine manchmal zu spürende Kritik gilt nicht so sehr euch, sondern in hohem Maße dem heutigen Gesundheitssystem. Ich kann nicht jeden Einzelnen aufzählen, aber ich nenne meine Hausärzte: Sie haben mir ihre Hände entgegengestreckt, wenn ich Hilfe brauchte. Mein Dank gilt besonders den Beteiligten am Projekt „Kein Täter werden" in Kiel und meinem dortigen Therapeuten.
Er gilt auch meinen heutigen Ärzten, Therapeuten und ihren Mitarbeitern. Sie ermöglichen mir ein „normales" Leben und bilden unverzichtbare Maschen in meinem persönlichen „Sicherheitsnetz".
 Wichtig für meine Genesung waren ebenfalls die vielen Selbsthilfegruppen innerhalb von AGAS[2], Blaukreuz[3], AS[4], AA[5] und die unabhängigen Einzelgruppen. Euch alle kennenzulernen war und ist eine große Bereicherung und ich danke jedem einzelnen Teilnehmer für seine Geduld, mir zuzuhören, seine Anteilnahme und die vielen Hinweise, Tipps und Kritik, die ich erhalten durfte.
 Ich will auch nicht meine engere und weitere Familie, vergessen, meine Seelsorger, meine (gläubigen) Freunde, die vielen Menschen, denen ich im Laufe der Jahre begegnet bin. Ohne eure Hilfe, Vergebung und euren Trost und Zuspruch gäbe es mich nicht mehr oder zumindest nicht so, wie ich

---

2 evangelische Arbeitsgemeinschaft zur Abwehr von Suchtgefahren (Blaues Kreuz DDR)
3 Christlicher Verband der Alkoholikerarbeit
4 Anonyme Sexaholiker
5 Anonyme Alkoholiker

heute bin.

Natürlich war es für die Entstehung dieses Buches unabdinglich, dass mir auch Leute aus meinem heutigen Umfeld zur Seite standen, Menschen aus dem Schreibzirkel, aus der Kirchengemeinde, gute Freunde, Verwandte. Aus Gründen der Anonymität kann ich euch nicht namentlich nennen. Ihr gabt mir wertvolle Hinweise.

Besonders möchte ich den zwei Frauen aus der freikirchlichen Gemeinde danken. Ihr habt mir viele Stunden eurer Zeit geschenkt, zum Korrekturlesen, zu inhaltlichen, „ausdrücklichen" und rechtschreiblichen Fragen, zum Austausch über Themen. Die Gedichte am Ende einiger Texte hat Gesa auf meine Bitte hin extra für mich geschrieben. Ohne euch gäbe es dieses Buch nicht.

Und zum Schluss will ich vor allem Gott, meinem Vater in Himmel danken, für all die Liebe, die Er mir in meinem Leben erwiesen hat, für all das Halten, Bewahren, Vergeben, für mein Sein, meine Identität und für den ganz speziellen Weg, den er mit mir gegangen ist und noch heute weiter geht.

Vielen herzlichen Dank euch allen!